生涯学習論の磁場

現代市民社会と教育学の構想

黒沢惟昭
Kurosawa Nobuaki

社会評論社

生涯学習論の磁場——現代市民社会と教育学の構想＊目次

まえがき

東大名誉教授宮坂廣作氏が亡くなられた。体調が芳しくないようだと人伝てに聞いていた。だが見舞いは遠慮されているとのことだった。様子を見てそのうちにうかがおうと思っていた矢先の訃報だった。残念であるが、ここに慎んで哀悼の意を表する。

高名な先輩であるが長い交友だったので想い出がめぐる。冥福を祈りつつ一端を綴ろう。研究所（教育総研）で二〇年近くも一緒に仕事をしたこと。イギリスのサンダーランド大学で開かれた国際会議に招かれ、二人でそれぞれ報告を行い各国の研究者たちと夜更けまで議論したことなどがまず浮かぶ。帰路、パリへ立ち寄り、ユネスコの生涯教育の責任者（レシポンシビリテ）エットーレ・ジェルピ氏宅を訪れ、手料理のもてなしをうけた。夜は氏の車でクリスマスでにぎわうパリ市内をドライヴに出掛けた。「ボージュ広場」で下車し、素足で石だたみを歩いた。それがパリ市民の流儀なのだとジェルピ氏は説明した。さいごはセーヌ河畔でジェラートを御馳走になり、イルミネーションに彩られた対岸の夜景に見惚れた。ジェルピ氏の粋なはからいで思いがけない異国のクリスマス・イヴを楽しんだ。忘れがたい想い出である。

逝きし人の回想から書き出したが、ほかでもない。宮坂氏が次のように言われたことが強く印象に残っているからだ。四〇年も昔のある学会の折だった。「若い教育学者は、経済学に通じているとか哲学が得意だなどとよく豪語するが、本当の専門家のまえで同じことを断言できるのか」。直接私に対する批判とは思えなかったが「井の中の蛙」「お山の大将」になるなという戒めはその後ずーっと私の胸に刻みこまれた。宮坂氏からは多くの忠告、苦言をたまわったがこの言葉が一番身に沁みている。

三池の労働者の学習会に啓発されて、教育学を学ぶために東大大学院に進んだ筈だったが、どこに焦点を定めどのように研究を進めたらよいのかよくわからず苦しんでいた。三池へも幾度か訪れたが、組合の倉庫に山積みされた膨大な資料を前にして途方にくれたことが想い出される。そこで、労働者教育の基礎研究という名目で、学部時代から関心を抱いていた「疎外論」を初期マルクスの視点からなんとかまとめ上げ「修士論文」を提出した。タイトルは「人間の疎外と教育」と銘打ったが、肝腎の「教育」については殆ど言及できず、端的に「疎外論」だった。「教育学」の論文としてよく通してくれたものだと感謝している。

ところが、就職後にその一章を大学「紀要」論文にまとめ、「抜刷」を物象化論で一躍論壇に名を馳せた廣松渉氏に送ったところ、意外にも長文のご返事で評価してくれたのはうれしかった。それが機縁となって、氏が主宰する「社会思想史研究会」に誘われ、それ以後毎回参加した。また氏の推薦によって「情況」、「知の考古学」誌などにしばしば寄稿するようになった。しかも友人の「内地留学」につきあって駒場の廣松ゼミに一年間出席することになり、毎回のように食事に誘われ廣松氏との親交を一層深めた。望外の幸いであった。

一方、グラムシ研究の発端は、初めて就職した大学でグラムシ研究者、重岡保郎氏に出会ったことである。マルクスもいいけど、グラムシの思想も教育研究に役立つのではないかと奨められ、イタリア語の手ほどきまでしてくれたのである。しばらくして、当時グラムシ研究者の間で話題になった、イタリアの政治学者ノルベルト・ボッビオの「グラムシと市民社会概念」の原文コピーを手渡され、翻訳するようにいわれた。しかも、訳文の要約を安東仁兵衛氏が編集する「現代の理論」誌に掲載する労を取ってくれた。それが刺激になって私のグラムシへの関心は急速に高まり、しばらく後にイタリアへ留学するまでになった。以上のような経緯で、一九八七年に東京九段のイタリア文化会館で開催された「グラムシ没後五〇年国際記念シンポジウム」の時は、石堂清倫、竹内良知氏などとともに、全体会で日本側の一員として報告を行う機会に恵まれた。その後、九七年（没後六〇年）、二〇〇七年（没後七〇年）のシンポジウムにも積極的に参加、没後七〇年の際には実行委員長まで務めることになった。その年に、私の積年のグラムシ研究を総括し、『現代に生きるグラムシ』（大月書店）を上梓することができた。因みに、この拙著が評価され社会学博士の「学位」を母校一橋大学から授与された。運がよかったことに驚いている。

以上、宮坂氏の忠告の関連で「自分史」の一端を述べた。自慢たらしく思われるかもしれないが、全く他意はない。ただ、宮坂氏の忠告を自分なりに生かすことが出来たのは幸いだったと思うのである。「学位」取得については「おさまるべきところにおさまったね」と宮坂氏からご返事をいただいた。

しかしながら、問題はこれからである。私の場合は、マルクス、グラムシの研究自体が目的ではなく、それをベースにして新しい「教育学」を構築することを目指している。最近（二〇〇九年）出版した拙著『生涯学習とアソシエーション―三池、そしてグラムシに学ぶ―』（社会評論社）の「あとがき」にその決意を明記した。本書の序章においてやや詳しく言及したが、私は大学時代の恩師高島善哉先生が「未完のプロジェクト」として残された「現代市民社会体系論」への道を教育の側面から迫りたいと念じている。それによって新しい教育学が生成されるのではないかと考えるからだ。

そうであれば、いまようやく本来の研究のスタートラインに立ったのだといえよう。本書がその接近にどの程度「歩」を進め得たかは読者の判断に委ねるほかはない。忌憚のないご批判をおねがいして本書「まえがき」を閉じることにする。人生の有限な時間を克服するものは仕事しかない。この教訓を心に銘記してこれからも生ある限り坂道を登っていきたい。いつの日か泉下で宮坂氏にその成果を報告できるためにも。

二〇一一年、グラムシ生誕一二〇年、新春

黒沢惟昭

序章　現代市民社会と教育学
――生涯学習体系論への軌跡

はじめに

高島善哉先生との出合い

今春（二〇一〇年三月）、母校一橋大学から社会学博士の学位を得た。授与式に母校を訪れた折、出版早々の、上岡修『高島善哉　研究者への軌跡　孤独ではあるが孤立ではない』（新評論、二〇一〇年三月）を店頭で見つけ早速購入して読んだ。

半世紀前の恩師の姿が浮んだ。「なぜ、この学部を志望したのですか」。社会学部長であった高島先生は面接の時にこうたずねられた。「先生の下で社会科学を学びたいのです」。上気し、はやる気持を抑えてこう答えた。「そういう学生を待っていました」。先生はほほえみながらいわれた。次第にうすれる母校の想い出のなかでこのシーンだけはいまもありありと浮ぶ。先生の「社会科学概論」（前期、専門科目）、「ゼミナール」（後期、テキスト『資本論』）にはとりわけ熱心に参加し多くのことを学んだ。

なかでも「疎外」「市民社会」の説明がとくに新鮮で印象に残っている。しかも、意外に思えたことは、先生が経済、政治とともに「教育」の重要性をしばしば強調されたことである。しかし、それは当然のことであろう。「疎外」の回復も、「市民社会」の実現も、人間の教育をまたなくては不可能なのであるから。さいきん、前掲の上岡書をガイドに高島先生の『著作集全9巻』（こぶし書房、一九九七—八年）を通読してこのことを改めて確かめることができた。難解ではあったが久しぶりの先生との「対話」は楽しく、有意義であった。しかし、経済学者が教育の重要性をそこまで言及した例を私は寡聞にして知らない(1)。

一橋大学社会学部

因みに、社会学部は「歴史」（人類遺産の継承）、「社会」（現代社会の理解）と並んで「教育」（未来社会の構築）の三部門から成り立っていた。単なる「社会学」の学部ではなかったことは入学後に学んだ。しかも、教育部門には教員養成も含まれていた。未来社会の構築を教員に託したことも興味深い。この構想は創設者上原専禄氏に因んで上原構想といわれた。教養部時代にこの構想をテーマにしてシンポジウムを開いた。有志の先生が多く参加してくれ構想について説明されたが、当時の私には構想は壮大でよく理解できなかった。しかし、社会科学と教育の関わりを考えるために大きな示唆を与えられた。忘れられない想い出である(2)。

因みに高島先生は上原構想について次のように述懐しておられる。

「社会学部というのは、日本に初めてできた学部でしょう。だからその内容をどうするかということが大問題で、要するに文部省をいかに説得するかがいちばん重要なことです。よその大学では、社会学は文学部にありますから、それを一つの学部の中心に据えることになると、いったいどうなるか、われわれもわからなかったし、文部省の方もわからない。ただ上原専禄さんがそれをまとめ、上原構想といわれた。上原さんのアイディアはエボルシオン・ド・ユマニテというんです。これは大ぶろしきですね。ヒューマニズムと社会科学どころじゃない。社会学はもちろん、教育学、政治学、社会思想、文学、哲学も歴史もみんなひっくるめて社会学部にもってこいというわけですから。文部省にはわからない。しかし上原さんは実に大したものですよ、それをちゃんとわからせちゃうんだから。文部省の役人が言っていましたよ。上原さんの話を聞いていると何となくわかったような気持ちになるというんだ。僕らが代わりに行くと全く通用しない。上原さんはそういう魅力をもっていましたね……。よその人にもわかる独自の学部をいかにしてつくるかということですね。苦労の種だった。それがずうっと僕がやめるまでつきまとった……構想としても漠然として大きすぎて、人類史の発展全体ですから、僕の持論では、経済、政治、法律つまり生産諸力の体系としての市民社会体系ということを現実に学部に移さなきゃいけない。そうすると経済と商学と法律という三つの学部の間をぬっていくというか、いわゆる学際的な学部を考えていた。しかし中心は社会科学にある」（高島善哉『人間・風土と社会科学』続・私の人生論ノート、秋山書房、一九八五年）。

窮乏化論と向坂逸郎

後期に進み三年の大学祭の時に、高島ゼミナールでシンポジウム「窮乏化論」を主催した。講師として来学した向坂逸郎氏は三池闘争について語り、労働者の学習会にも触れた。炭鉱で働く人が『資本論』を学んでいることに驚いた。同氏はマルクス経済学者として、三池闘争の理論的指導者として当時超有名人だった。その後、向坂氏の奨めで九州大牟田の三井三池炭鉱を訪れ学習会の見学・調査を重ねた。社会の変革の闘いにおいても学習・教育が重要な役割を果していることを目のあたりにした[3]。向坂氏がユーモアを交え、労働の現場の例を挙げながら、逐一それを『資本論』の該当箇所と巧みに結びつけて説明する「教授法」にも感動を覚えた。この体験だけでなく、高島先生の門下生、鈴木秀勇氏による「教育思想史」（テキストはコメニウスの『大教授学』、ルソーの『エミール』が使われた）の講義も面白く、私は次第に「教育」に目を開かれるようになっていった。

東大教育学部大学院

そんな経緯で教育の意義を専門的に学ぶことを思い立ち高島先生の奨めもあって大学院は東大教育学部へ進んだ。一大転機だった。

理論的成果はあまりなかったが、指導教官の宮原誠一氏（労働者教育論）の「教育再分肢説」、そして教育哲学者勝田守一氏の「教育的価値説」は興味深かった。前者は教育には固有の領域が自立自存的に存在しているのではなく、社会の諸事象を「発達」「形成」の視点から抽象し、再分肢されたものとみなければならないという学説である。これは、社会現象を個別に捉えるのではなく、それらを総合的に関連させ比較・考察しなければならないと説く高島先生の社会科学論と軌を一にする発想ではないか。こう私は考え共感を覚えたのであった。後者は教育には経済や政治に解消できない固有の機能・領域があるという見解である。つまり、教育を政治や経済に解消してはならないという主張だった。誤解を恐れずにいえば、教育は単なる「上部構造」ではない、と勝田氏は教条マルクス主義者に反論したかったのではないかと思う。一見すると両説は矛盾するかのようである。ともかく「分肢」か「固有の価値」かと当時多くの議論があったが結局深められなかった。つまり、両説は「分肢」、「固有性」は強調するがその上での再統合については論及されていない。ここに問題があるように思われた。その点はいまに至るも未解決である。教育を政治や経済の手段と見なしてはならないが、そうかといって実体的に捉えてもいけない。要するに社会の諸関係のなかで関係概念として考えるべきだ。これがその後の私の一応の解釈である。ただしその後、疎外論、市民社会論と教育研究の「結合」が私の研究テーマになった経緯には両説を私なりに総合的に解決したいという気持があったように思われる。因みに修士論文のタイトルは「人間の疎外と教育」である。内容は疎外論を初期マルクスの思想の歩みのなかに検証する試みであった。これによってマルクスの人間観を私なりに確かめる成果はあった。つまり、人間は「窮乏」すれば必ず革命に立ち上がるものか、という疑問に対する一定の解決に役立ったのである。しかしそれを超えてタイトルの論理の解明には至らなかった。

大学院を修了して初めて就職した大学（現長野大学）でグラムシ研究者重岡保郎氏からグラムシの魅力を教えられた。とくに、その市民社会論、ヘゲモニー論は私の研究に新しい局面を開いてくれた。

結果的にいえば、疎外論、市民社会論と教育研究の結合の度合を急速に強められ修論のテーマが具体化されたのである。というより、三つの側面を並立させて研究するのではなく、教育を中心に据えて三分野をどう統合するかを強く迫られた。具体的には、疎外の回復をヘゲモニーと捉え、その場を市民社会と考えようとするのがグラムシの思想の要点でないかと私には思われた(4)。

ポール・ラングランと生涯教育論

ところで、六〇年代にユネスコでポール・ラングランによって「生涯教育論」が提唱され、それが日本に移入され、一時教育界を風靡したことの影響は大きかった。注目すべきは、ラングランは生涯教育の発想を自らのナチスに対する「レジスタンス」の経験から得たと言っていることである。命令によって行動する正規軍とは異なり、レジスタンスは情報を自ら蒐め、それらを自主的に分析し、統合し、それに基づいて行動を決定しなければならない。たとえ、「指令─受諾」の関係があるとしても、レジスタンスの場合は時々刻々と変化していく状況に即応していかなくてはならない。これがレジスタンスの特色である。

ラングランは、正規軍を学校組織と考え、それがいまや人間解放の手段であるどころか、逆に人間抑圧の機構にさえなりがちである現実を批判し、レジスタンスに特有な自律・自立の思考・行動に刮目し、それをテコにして学校教育を相対化し、教育全体を活性化しよう、それこそ生涯教育なのだ。そうであればこれからの教育は生涯教育でなければならないと提唱したのであった。しかもこの生涯教育によって人生のあらゆる非人間的なものにレジストし、それを通して人間解放の実を挙げようという志向である。つまり、ヒューマニズムの思想である。

近代教育との関連で見ると、もともと教育の概念に含まれていた「自己教育」の要素が、近代学校の成立・整備につれて、次第に背景に退き、裏面に隠れていった事情がある。生活実践の中における能力形成、いいかえれば、日々の生活過程のなかで必要な情報を自分で蒐めてそれを分析、取捨選択をしつつ生活の要求に対応かつ対自然・対他者関係（そこには当然関係の環・項としての「自己」も含まれる）を変えていこうとすることこそ教育の原点であった。

しかし、近代学校の成立・発展とともに、学校における「生活」が実際の社会・生活とは次第に遊離することは致し方ないところである。そこで、学校の「生活化」の試み——例えば戦前の「生活修身」、「生活指導」、または戦後の「社会科」、さらにその後の「生活科」、最近の「総合的学習」など——がこれまでもしばしば行われてきたが、学校教育では教室内の講義＝授業が中心になっていたことは否定できない。

ラングランはこの教育における「生活」の面を全面的に復活させ、生活から遊離している教育のコンセプトを変換しようとしたのであった。この意味で、極めてドラスティックな教育観の宣揚であり、さらに、自己教育を重視することによって、従来の「教える（教師・知識人）——教えられる（生徒・大衆）」という固定した関係を批判的に捉え返そうというラディカルな問題提起でもあった。

省みれば、今日でこそ日本は「大国」であるが、ラングランの「生涯教育」論が提唱され、移入された六〇年代半ばから後半の時代は、未だ「途上国」であった。パリのしかもユネスコ製「ニューモード」は当時の「途上国」的日本国民にとってはまさしく憬れの的だったのである。

とりわけ、当時わが国は高度経済成長期にあたり職業高校を主にした後期中等教育の「多様化」政策のひずみ（行きたくない学校への「不本意入学」など）が顕著になりつつあった時期でもあった。さらに社会教育も、戦後の混乱期を脱しソフト・ハード面が次第に整備されつつあった。反面それにしたがって、管理が強化され、戦後しばらくの間の社会教育に見られた国家権力と現場の「牧歌的」関係が喪われつつあった状況も改めて想起されるべきである。

以上のように、近代学校及び社会教育がともに現代的状況へ移行しつつあったその時期に教育の「本来の在り方」を理念の基本に据えつつ、「生涯教育論」はユネスコの「お墨付き」を携えてさっそうと渡来したのであった。そうであればラングランの言説が朝野を分たずに大歓迎されたことは容易に理解できるであろう。

企業と生涯教育

もちろん、このような教育界の事情だけではなく、その背景には、その後次第に顕著になる技術革新、情報化、都市化、国際化などの名称（ターム）で表されるこの国の社会の構造変化が生涯教育を急速に普及していったことも勘案する必要がある。さらに教育との関連でとりわけ重要と思われる企業の状況について考察を試みておきたい。

すでに述べたように、生涯教育が輸入された当時は、わが国では高度成長期にあたり、技術革新、情報化社会が到来し、次第に拡大していった時代であった。それと関連して労働社会が激変した時代でもあったことに注目したい。具体的にいえば、これまでとは違った新しいタイプの労働者、つまり可動性の大きい、自己形成的労働者が企業にとって必要の度を増したのである。同時に、賃金も上昇し、逆に労働時間も相対的に短縮される傾向にあり、それに応じて、「余暇」も含めて新しい「管理」の問題も企業にとって重要になった。

このような時代の変化に対して、従来の学校教育では人材養成が有効になされないのではないかという意見が強まり、後に「メザシの土光さん」で有名になる当時経団連会長の土光敏夫氏が率いる「土光委員会」などをはじめ財界の意向を反映した諸々の教育提言が行われた。その基本に据えられたのがまさしく「生涯教育」のコンセプトであったのである。

事実、企業内でも「ZD運動」とか「QCサークル」などに典型的な「小集団」による「労働者参加型」管理方式（当時〝人間性回復路線〟と称せられたことを記憶する）などは旧来の〝上意下達〟による管理とは趣を異にする方式であり、一定程度の労働者の「自己決定」を加味するという点で、明らかに「生涯教育」の発想と軌を一にするものであった。

以上、迂路を経つつも生涯教育の概念の考察を試みた次第である。併せて日本の企業の受容状況にも触れたのは、このコンセプトが狭い旧来の「教育」界に留まらない普遍的な側面をもつこと、それだけに理念と現実には大きな落差もありうることを確認したかったためである。その意味でもラディカルな提唱であったことを示唆しているのである。逆に、企業がこのコンセプトのラディカルな点に刮目し積極的に採り入れようとしたからこそ、生涯教育が教育界にしばしばみられた一過性の流行、モードに終始せずまもなくやや形を変えて国の教育の基本戦略にもなりえたのである。このことを強調しておきたい。

臨時教育審議会と生涯学習

ところが八〇年代に、臨時教育審議会によって「生涯学習」が国の基本的政策とされた。それに伴なって教育・学習の意味・内容が大きく変えられた。ここでは要点だけ述べておこう。つまり、従来自発性を尊ぶ概念として、教育的に価値あるものとされた「学習」がなんと市場に取り込まれることになったことに衝撃をうけた。学ぶことを尊重することは正しい。しかし、学ぶ意欲のない者、資質のない者は市場価値を生まないものとして切り捨てられてしまった。さらに、学習を学校以外にまで拡げることは正しい。しかし、それは「学校の一部」を民間の学習機関（塾、予備校ほか）に委ねることになり、そこでも学ぶ意欲・資質のない者は切り捨てられることになった。臨教審の要点はここにある。こうした事態を批判するためには、疎外、ヘゲモニー、市民社会論と、「生涯学習」の接合が不可欠となった。逆に生涯学習論を視野に入れない疎外、ヘゲモニー、市民社会論は現代社会の認識・変革に無意味なのだ。高島先生の社会科学論を教育において再考すればこうなるのではないか。これが現在の結論である。このコンセプトを総体的に論ずることは今後の課題であるが、ここで教育面におけるやや具体的イメージ化のために私が共感する所説を紹介したい。

エットーレ・ジェルピの思想

先にその思想について触れたラングランを継承したエットーレ・ジェルピの思想である。

彼がユネスコの生涯教育の「責任者」になったのは、七〇年代初頭であったが、その頃から八〇年代にかけて、国際諸機関に「第三世界」の国々が多数参加し、南・北の格差を是正せよと激しく主張した時代であった。ユネスコでも同様であった。ジェルピの言説はこの国際状況の真中に居た経験からラングランの生涯教育を継承しつつもそれとはやや異なったアクセントをおびたことは当然であろう。

ラングランについては、急激な社会変化を是認しそれに適応する生涯教育論であり、先進国中心ではないかという批判があった。これに対してジェルピのスタンスは、現状への適応だけでなく、同時に現況を変革していこうという側面が強いといえよう。現行の生涯教育・生涯学習の政策を進めていけば、先進国とそれ以外の国々の「格差」は拡がるばかりだ。また現状のままで教育の機会を与えれば、教育のある人々はますますその機会を獲得・享受できるが、そのチャンスの乏しい、したがって、もっと教育が与えられるべき人々は必ずしも政策の恩恵を受けないのだという事実を彼は「第三世界」の現実に定位して剔抉し、告発したのである。まさしく、既述の日本のポスト臨教審的状況（国家的側面）をグローバルな視界から看取し批判したのだといえよう。

この立場からジェルピは、生涯教育は中立ではありえない、国の政策に反対する立場に立つこともあり得ると繰り返し主張するのである。因みに、彼の著書『生涯教育論』（前平泰志訳、創文社、一九八三年）のサブタイトルが「抑圧と解放の弁証法」と付されていることに注目すべきである。つまり、現存する抑圧面をそのまま是認するのではなく、さりとて理念的な反対論を提示するだけでもなく、二つの契機のせめぎ合いを冷徹に見据え、変革の方向、解放の方向に向けて具体的なアクションを起こすこと。そのための「自己決定学習」（self directed learning）と政治的「参加」こそが生涯教育なのだと主張するのである。後述のグラムシのヘゲモニーと同じ考え方である。彼が「黒沢、グラムシは俺の心（クオレ）だ」といつも言っていた姿が浮かぶ。すでに提示した現代的市民社会の創造のための生涯教育論にとって重要な示唆を与えてくれる。しかし、好漢ジェルピも数年前に他界した。

以下、五点にわたって具体的に考えてみよう。

一　初期マルクスの疎外論、その回復の思想

人間はこの世において疎外された受苦的な存在である。同時に人間はこの疎外を意識しこれを克服しようとする情熱的な存在でもある。これが私がマルクスの思想から学んだ人間観である。※

この人間観の原体験は、まず実感的には三井三池の労働者の「合理化」反対の闘い（三池闘争）である。私はそこに資本主義的蓄積に伴う労働者の自己疎外の実相とそれを超出しようとする労働者の情熱に、叙上の人間の本質を確かめることができた。さらに、その回復の営為には、学習・教育が中核的位置を占めていることも現地調査によって確認した。

※私は「疎外されること」と「受苦的」とを同じ内容として捉え、この「受苦」「疎外」からの回復のエネルギーを「情熱的」と捉えた。こうした私の理解には『資本論』の「窮乏化」理論が前提されている。周知のように、資本主義的蓄積は一方で必然的に労働者に「窮乏」（疎外）をもたらすのであるが、それ（受苦）に労働者は受動的に甘んじているわけではない。それに対

して反抗しそれを超えようとする、意欲をもつ存在、つまりその意味で「情熱的」でもあるのだ。向坂逸郎氏が理論的指導者として情熱をもってとり組んだ三井三池の大闘争は以上のマルクスの人間観の実証である。ただし、これは『資本論』のつまり、後期マルクスの人間、疎外観である。

しかし、初期マルクス、特に『経哲草稿』ではどうであろうか。「受苦的」「情熱的」という言葉が対句のようにでてくるのは『経哲草稿』である。そこにはこうある。「対象的な感性的な存在としての人間は、一つの受苦的[leidend]な存在である、[Leiden]を感受する存在であるから、一つの情熱的[leidenschaftlich]な存在である」ここで、「受苦」とは、「感性的」であることであり、「自分の外部に感性的な諸対象をもつこと、自分の感性の諸対象をもつこと」と同義である。そして、「情熱的」とは、この「対象に向かうエネルギッシュに努力をかたむける」ことである。いいかえれば、「人間は――とマルクスは以下のように述べる――直接的には自然存在である。自然存在として、しかも生きている自然存在としては一方で自然的な諸力を、生命諸力をそなえており、一つの活動的な自然存在である。これらの力は、人間の中に諸々の素質、能力として、衝動として実在している。他方では、人間は自然的な肉体的な感性的な対象的な本質として、動物や植物がそうであるように、一つの受苦している[leidend]、制約をうけ制限されている本質である。すなわち、人間の衝動の諸対象は、彼の外部に彼から独立している諸対象として実在している。にもかかわらず、これらの対象は、人間の欲求の対象であって、彼の本質諸力が活動し自己を確証するためには欠くことのできない本質的な諸対象である」。要約すれば人間は自己充足的存在ではない。つまり「受苦的存在」であるから、外部の対象（自然）に向い、それを獲得し享受しなければ生存することができない。

ところで、この対象を獲得し享受する行為は労働である。マルクスは、ヘーゲルの「外化」を援用して労働を、「人間の本質として、自己を確証しつつある人間の本質」として捉える。すなわち、「人間が外化の内部で、つまり外化された人間として、対自的になること[fürsichwerden]である」。しかし、「疎外された労働」においては、労働の実現は、「労働者の現実性剝奪」として現れる。彼の労働は、「ある欲求の満足ではなく、労働以外のところで諸欲求を満足させるための手段であるにすぎない」。ここで留意を促したいのは「受苦」は対象に向うことではなく、対象化すること自体に変移していることである。ここでは「受苦」という意味が変わるのだ。フォイエルバッハが述べた意味のうえに「疎外された労働」がもたらす苦しみが新たに加わるのだ。しかし、フォイエルバッハ的意味の「受苦」がここでは決して解消したわけではなく、それが保存されながら新しい内容（の受苦）が加わるのだ。初期マルクスを切り捨て後期マルクスを宣揚するマルクスの研究者に対する批判は、この（受苦の）「保存」の面を軽視、無視した点にある。また「情熱的」も、対象に向い、欲求を充たし、享受することだけでなく、「受苦」を排除すること、つまり「疎外された労働」の回復へ向う意味も加わるのである。ただし、この面の考察は後期マルクスの『資本論』の労働過程論をまたねばならない。つまり、人間の自己疎外という初期マルクスの平板な主張は、社会体の動学過程のなかに疎外の構造が明らかにされる、後期マルクスをまたねばならない。この分析をベースに労働者の反抗の意味を動体的に解明しようとしたのが前出の「窮乏化」理論である。ここでは、「受苦」「情熱」の意味が敷衍される。しかし、くりかえすがフォイエルバッハ的「受苦」の意味が解消されたのではない。保存されながら、一層展開したのである。いいかえれば、初期マルクスと後期マルクスの結合である。私の「受苦的」「情熱的」という人間、疎外観はこのような意味において、初期・後期マルクスが統一されているのである。したがって、疎外からの回復も統一された人間の実践によらねばならないのである。（第二章参照）

この原体験を検証し、理論化・普遍化するために三池の調査を続ける一方で、前述のとおり、疎外の論理を、初期マルクスの思想において追究した。初期マルクスの疎外論の構制は、ヘーゲル及びフォイエルバッハを批判的に継承して、国家と市民社会の分離に起因することを主内容としている。つまり、人間の本質とされる類的側面は国家に疎外され、市民社会は私的な人間のエゴイズムの状態に陥っているのだ。この類的側面と私的側面の分裂が経済学研究以前の初期マルクスの疎外論の要石である。しかし、マルクスはその後、経済学研究によって疎外論を「動態化」する。労働の場において労働者は資本家の指揮下におかれる。また労働者のつくりだした生産物は資本家の所有になり、労働者のものとはならない。資本主義社会では労働の疎外と生産物からの疎外が一般化する。いいかえれば、生きた活動と死んだ活動の二重の疎外に陥っている。さらにいえば、死んだ活動（生産物）は蓄積されて、生きた活動（労働）の疎外をますます増大させる。その疎外によってつくり出される生産物は一層拡大再生産される。こうして、生きた活動と死んだ活動における疎外は相互媒介的に加速して、つまり動態化して資本主義は進展する。マルクスの疎外論は、平板な静態的なものではなく動態的である。ここに特色がある。すなわち、国家と市民社会への人間の分裂（政治的疎外）には労働の疎外が前提になっているのである。

ところで、この分裂を克服する方法、統合の主体をマルクスは「ライン新聞」編集長時代にヘーゲルの概念「具体的普遍」の具現体（現象体）、「貧民」に見出す。それをパリ時代に現実の労働者たちとの交流のなかで彫琢した存在が「プロレタリアート」である。疎外を一身に背負い体現する人間の完全な喪失態＝プロレタリアート。そうであればその自己解放（社会主義革命）は、先進国の市民革命のように疎外の部分的解放（政治的解放）ではなく、プロレタリアートの全面的解放をマルクスは母国ドイツ（後進国）の現状を踏まえて提唱したのである。ただし、この解放は哲学と結びつくことが必要である。つまり、労働者（心臓）と知識人（頭脳）の結合が疎外克服のために不可欠な条件とされる。

三井三池の闘いにおいても「向坂教室」に見られるように労働者と知識人の結合（相互交流）は重要な意味をもったことに留意を促がしたい。

ここから、生涯学習が生ずる根本的原因は現代社会の疎外である。したがって生涯学習は疎外の認識とその克服を目的としなければならないのである。

二　マルクスにおける疎外克服、その問題点

知識人の支援によるプロレタリアートの自己解放（社会主義革命）によって疎外を克服し、新しい

社会形成を展望する初期マルクスの構想は、基本的には後期マルクスにも継承されていることを指摘しておきたい。つまり、『資本論』第一巻で説かれる資本主義的蓄積の方法は、一方に巨大な富を蓄積するが、他方で労働者の「窮乏」（疎外）をもたらす。しかし反面、資本主義的生産方式は個々の労働者を結合させ資本主義体制そのものに対抗する巨大な労働者階級（資本主義の「墓掘人」）を産みだす。この対立抗争（階級闘争）が臨界点を超えるときに革命が起こり資本主義に代わる新しい社会主義社会が出現するのだ。マルクスは『資本論』でこう説く。この論理は窮乏革命論といわれるが、向坂理論によれば、三池の闘いはこの窮乏化理論の適用例である。

以上にみるように、疎外とその回復を労働者階級の自己認識と現状打破の情熱に求めるマルクスの思想は、部分的には修正されたがライトモチーフは終生一貫したものであった。

ところが、このマルクスの構想はその後、プロレタリア独裁、共産党独裁、果ては個人崇拝（スターリン主義）となり、当初マルクスが意図した、国家と市民社会の分離の回復、それによる「類的人間」（『経済学・哲学草稿』）の実現、「自由人の連合」（『資本論』）による社会の創出の理念とは大きく異なるものとなった。個々人が生きる具体的「場」としての「市民社会」は国家の「植民地」と化し、個々人の「自由」は極度に抑圧され、国家全体が「収容所列島」（ソルジェニィツイン）と化した。この経緯は周知のところである。（当時の陰惨な状況については、ソルジェニィツインの同上の小説も参考になるが、旧東ドイツの冷戦下の国家保安省局員の反体制の劇作家とその恋人の監視状況をロマンを秘めて描いたドイツ映画「善き人のためのソナタ」フロリアン・ヘンケル・フォン・ドナースマルク監督、〇六年、も興味深い。）なんということだろう。

以上のような事態に至った根本的原因を指摘しておこう。それはこうである。

ヘーゲルの「具体的普遍」のプロレタリアートへの転成については初期マルクスによるゲルマン共同体への関心があった。その所有形態の考察によって「貧民」のなかに「具体的普遍」を見出すことができたのである。しかし、その後マルクスはヘーゲルの歴史哲学的構成に学び唯物史観を練りあげていく。要点をいえば、自由の理念の展開と実現というヘーゲル的解釈に基づく歴史観をマルクスは階級闘争による社会主義社会、コミュニズムの実現こそが歴史の意味であると置き換えたのであった。つまり、人間活動の目的はこのコミュニズムの実現であると見なされた。哲学はこの歴史の意味を明らかにし、哲学を身につけた知識人が労働者にその歴史的意味を教えるのだと説かれた。労働者はこの歴史的使命に目覚めてひたすらコミュニズムへの道を辿ればよいのだ。こう説かれたのである。いいかえれば、歴史の意味、目的は既に確定されていて（歴史的必然）、人間はそれに向かって進むだけでよいのだ。その実践は、それ自体では意味を持たない、目的（コミュニズム実現）のための手段に過ぎないと見なされてしまった。その結果、その目的を自覚した少数〝知識人〟（知的エリート）が未だ無自覚な多数の大衆を啓発し目的を教化するという定式が一般化する。その場合の〝知識人〟とは、ヘーゲルにおいては普遍的身分としての官僚であり、マルクスにおいては意識の進んだプロレタリアート、レーニンにおいては党、つまり党官僚とされた。そこに決定的に欠如しているのは、個々人が差異を認めながら相互に議論しつつ共同性を拡げ、そうした実践によって未来社会を創り出そうとする大衆、ふつうの人々の自立性と主体性の承認である。これは従来から議論されてきたことだが八九年のベルリンの壁の瓦解、社会主義の崩壊で決定的に明らかにされた教訓である。そうであれば生涯学習の実現のためにはこの厳しい歴史の教訓を銘記しなければならない。つまり、個々の大衆、ヒラの市民の自立・自律性を無条件、最大限に尊重することである。これが生涯学習のアルファでありオメガでなければならない。

三　疎外の回復、グラムシのヘゲモニー

社会主義の悲劇的結末をつとに予見したかのように、ヘゲモニー、市民社会をキーワードに新しい疎外回復の方法を構想・提示したのはグラムシであった。彼もマルクス、レーニンを継承し、一時は工場における労働者権力の確立―労働者の自治と主体性の回復―を目指した（「工場評議会運動」[5]）。その挫折（ヘゲモニー闘争における敗北）の経験から生産点だけでなく、生活圏をも含む、広範な市民社会全域の市民的ヘゲモニーによる新しい社会形成を提唱したのであった。

それはマルクスが「歴史的必然」とみなしたコミュニズム社会をプロレタリアートの独裁によって実現しようという構想ではなかった。そうではなくて、わかりやすくいえば、未来社会は現存の市民社会をベースにしてその存立要件の拡充つまり、市民相互の討議（知識人と大衆の相互交流によって「全ての人が知識人になること」）その過程の中で創り出されると考えられた。彼の「実践の哲学」の立場からいえば、未来社会が予め一部エリートによってプラン化され教義・教条として提示されることは全く考えられなかった。したがって人間の実践・行動は、目的遂行のための手段ではなく、それ自体が有意味とグラムシは考えた。ここが肝腎である。

彼もまた、マルクスと同じく、人間の本質が国家に疎外されていると捉えた。つまり新しい社会を構想し、それを創り出し、運営していく能力、人間の本質が国家に奪われていることをヘーゲル、マルクスから学んだ。しかし、この疎外からの回復を、国家の官僚による救済（ヘーゲル）や覚醒したプロレタリアートの自己解放（マルクス）ましてや党官僚の指導・支配に求めなかった。そうではなくて、ヒラの市民・一般大衆によるヘゲモニー的実践、その拡大・深化に求めた。彼は、これを「国家の市民社会への再吸収」と定式化する。これは前述のように、国家に疎外されている人間の本質を再び市民社会へ奪いかえす不断の日常的努力の意味である。支配・被支配のせめぎあいによる現存の可視・不可視の「秩序」を、自由と共生の「新しい秩序」「オルディネ・ヌオーヴォ」に組みかえる日常の実践「知的道徳的改革」である。このためには、全ての人が知識人にならなければならないと説く。それは、意識の進んだ人々（知識人）とそうでない人々（大衆）との絶えざる知的・感性的交流・相互討議によって遂行されるとグラムシは主張する。「ヘゲモニーは全て教育的関係である」。有名なグラムシの章句はこの点を簡潔に表わしている。

以上に要約されるグラムシの市民社会におけるヘゲモニーの提唱は、疎外回復の有効な方法である。こう考えれば生涯学習とはヘゲモニーと言いかえてもよい。つまり、生涯学習は市民社会形成のための要石である。グラムシの思想を生涯学習に読み込めば以上のようになる。

四　市民社会とヘゲモニーの問題

グラムシの構想では、ヘゲモニーは大別して支配集団による国家を媒介するものと、それに対抗する被支配者集団（ヒラの市民、大衆）のカウンターヘゲモニーとの二つに分かれる。そしてこの二大ヘゲモニーが争われる場が市民社会とされる。前述のグラムシのテーゼ「国家の市民社会への再吸収」とは国家のヘゲモニーを市民社会における不断のカウンターヘゲモニーの拡大によって次第に置き換えようとする（再吸収する）意味である。

ところで、市民社会とは何か。簡潔に説明することは難しいが、歴史的には古代ギリシアのポリスの市民と十五世紀末にイギリスに現われた、独立自営農民層が市民の原型とみてよいであろう。その市民がつくる社会が市民社会である。それは民族共同体のような血縁共同体でも、国家のような支配・被支配の集団でもなく、手の届く地域社会でともに働き、生活する平等な自治の集団である。それは日本では、国家に対する「地域」、具体的には「地方自治体」とみてよいのではないか。大学時代に増田四郎先生から学んだヨーロッパの中世都市、そこにおける市民意識の形成に関する先生の著作を再読してこのように考えた。参考にした多くの先生の著作から次の箇所を引用させていただく。

「東洋社会に欠如している精神的基盤は、西ヨーロッパでは既に十一、十二世紀に自力で出現、準備されていたのであり、新しい諸条件と環境とが、この精神を国民全体に拡大し、一般化し、時には「国家」を越えて、文字通りにヨーロッパ「市民化」を現出していったものと考えられなくはない。氏族的・祖先崇拝的なものと、国家的なるもの以外に「社会」の存在を知らず、否、その社会を、単に「世間」と観じて「世渡り術」を卑俗な規範として守るこの国の庶民の在り方に想いくらべて、権利闘争の場として自覚した西欧市民の意識的高さを強調しなければならない。われわれの興味の核心はここにあるわけで、近代社会との何らかのつながりも、この辺の分析に向けられなければならない。」（増田四郎『西欧市民意識の形成』講談社学術文庫、一九九五年、三一二頁）

そうであれば、国家が決定し推進する政策（国家へゲモニー）をここを拠点にして受けとめ、検証し、地域社会すなわち自治体の視点から組みかえ、その実践によって地域に新しい共同体を、文字通りの自治の政体（自治体）を創り出すことがカウンターへゲモニーの目的と内実となる。生涯学習はこの任務を遂行しなければならない。

五　国家の教育政策、対抗へゲモニーの形成

戦後における国家の教育政策の画期をなしたのは、八〇年代半ばの臨時教育審議会、その主答申「生涯学習」（第二次答申、一九八六年）である。それは、ネオリベラリズムによる市場原理主義の教育への適用、教育における戦後最大の国家へゲモニーであった。より具体的にいえば、高度情報・高度消費社会の時代的特色、急速な個人化、自由化の傾向を巧みに捉え国家の財政危機を回避するため

の政策である。そのために市場原理主義による教育の弱者切り捨て、淘汰の推進策の断行であった。

　確かに、そこでは教育の「自由化」「個性化」（中曽根内閣・臨教審）、最近では「官から民へ」（小泉内閣・構造改革）という響きのよいスローガンが掲げられた。しかし「自由化」とは「市場化」、「個性化」とは「差別化」、「民」とは市場のいいかえである。いうまでもなく、市民社会は、「市場」だけではない。それは、国家に疎外された人間の本質（自治の能力など）を限りなくより身近な地域に奪いかえす「場」であり、その自治能力によって国家と市場をコントロールする領域である。

　以上の権能を回復するためのカウンターヘゲモニーをどう創りだすか。様々な教育実践のなかで、故持田栄一氏が七〇年代に、マルクス、グラムシに学んで提唱した「批判教育計画」の構想はいまなお注目すべきである。それは自治体におけるヘゲモニーの拠点作りの先駆であった。残念ながら当時は、五五年体制下の中央政治と連動して地方政治も左右の対立が激しく、持田構想の実現は挫折した。一方、自治体社会主義はマルクス主義の陣営においても少数派であった。つまり、社会変革のためには国家権力の奪取こそが先決で、自治体の変革と有機的に、構造的に結びつける考え方は当時は異端とされた。

　ところが、ベルリンの壁の瓦解を画期として、市民社会の重要性が改めて見直された。日本においても、五五年体制が転換し、地方分権の名による地域の復権が唱導されてきた。最近では「地域主権」という言葉さえ政権党によって提唱されている。ネオリベラリズム政権の元祖イギリスのサッチャーも政権を労働党に奪われて久しい。以来、社会民主主義的政策化が次第に復権している。

　たしかに、労働党の政策については、成立時から評価が分かれた。最近の保守党・自由党の連立政権の成立はそれを示している。しかし、少なくともネオリベラリズムは一定程度是正され、地方分権化が推進されていることは多くの人々が認めるところである。

以上のような国の内外の情況を見据えて私は、地方自治体における生涯学習の推進のための市民参加を提唱した。これは自治体行政を外部から批判するのではなく、その内部に直接市民が参画してしかも行政とのコ・プロダクト（協働）によって国家の推進する生涯学習に対抗する市民的ヘゲモニーの形成である。生涯学習のヘゲモニーの拠点を作りそれを拡大、深化させようとするプランである。いまや前述の持田構想実現の機がようやく熟したのである。これによって、市民の自治能力を高めつつ、同時に、学校・地域を含める学習ネットワークによって地域社会を変革しようとする提言である。内部に自覚した志のある市民が参画して現存の組織を変革させつつ教育における市場原理主義（国家・資本によるヘゲモニー）に対抗する市民的ヘゲモニー創出・拡大のプランである。その中心に生涯学習が位置づけられねばならない。

おわりに

高島市民社会論

生涯学習とは何か、を問う場合、「いつでも、どこでも、だれもが学ぶ」ことだとか、「社会教育と学校教育の統合」という現象的一般的定義に甘んずるべきではない。一方、国家ヘゲモニーへの従属、単発的一揆的反抗に陥らないためにはまず学知的に、その原理を構造化しなければならない。教育とは、それ自体で自立・自存的に存在するものではない。この先学のテーゼ「教育再分肢説」は示唆的である。しかしそれは、個々人の関心に従って、教育の一断面の個別研究で満足することを意味しない。それらの個別研究は必要であるが、それらを前提にしかつ有機的に結びつけ、社会科学的に総体化する原理的研究がカウンターヘゲモニーの不可欠の要件である。この問題意識のもとに、まずもって「疎外」、「ヘゲモニー」、「市民社会」の三つのキー・コンセプトによって、生涯学習の原理を定礎しなければならない。この生涯学習によって地域住民は市民に転成し、市民社会が形成されるのだ。そのプロセスで生涯学習は社会科学としての教育学に甦えるだろう。これが市民社会の教育学である。

さいごに、市民社会と教育について述べよう。高島先生は「社会科学はなによりもまず市民社会の科学である。」という。これに学んでいえば「生涯学習はなによりも市民社会の教育学である」となる。ところで市民社会とはなにか。先生の説明は以下のようである。

「市民社会とは自由で平等な人間がとり結んだ社会のことである。士農工商の身分的な区分とか、支配と服従といったような権力関係では考えられない近代社会のことである。貴族や僧侶のようないわゆる身分の高い人々も、農民や職人や町人のようないわゆる身分の低い庶民層の人々も、すべて社会の一構成員として、すなわち自由な一市民として自分自身の権利を主張し、平等な取り扱いを要求することができる。これが市民社会の基本的な原理である。」（前掲書『社会科学入門』九二～九六頁）

本書は社会科学の入門書であるから、その文脈で市民社会に論及されているが、先生の市民社会論はここに集約されているといってよいであろう。因みに高弟の水田洋氏も次のように述べる。ヘーゲル、マルクスによって市民社会は総じて「ネガティブ」に捉えられたが、高島先生の把握は「全面的にポジティブ」である。それはスミスの『国富論』研究に由来するためで、そこでは階級対立をふくみながらもなお、「調和的発展が可能な近代社会をさすもの」と考えられている。（渡辺雅男編『高島善哉　その学問的世界』こぶし書房、二〇〇〇年、二〇～二一頁）

晩年、先生は日本国憲法が現代的市民社会（市民制社会）のモデルになりうると述べる。

市民社会の精神は、自由・平等をはじめ、平和と民主主義、正義・友愛などいわゆるヒューマニズムである。ここから、日本国憲法の理念は、象徴天皇制など日本的特殊性を除いて、市民制社会の理念を表している。

さらに注目すべきは市民社会と社会主義についての次のような説明である。

「社会主義社会は市民社会と資本主義社会から承け継ぎ市民社会をより高い――歴史的にも理論的にもより高い――次元において発展させる。公民と市民の分裂がなく、政治体と経済の背離がなく、市民が市民としての活動においてそのままコミュニティがコミュニティとして発展していくような社会――これが資本主義体制に続く次の社会体制の努力目標でなければならない。」

（『著作集』第八巻三八～三九頁）

先生が亡くなられたのはいまから丁度二〇年前、九〇年一月、ベルリンの壁の崩壊の直後、旧ソ連終焉の一年前であった。

したがって、先生は「社会主義」の崩壊を充分に検討することなくこの世を去られた。しかし、右の「社会主義社会」を未来社会、新しい社会と読めば、先生の見通しはいまも立派に生きている。しかも、日本国憲法の理念と結びつけて構想されているのだ。進むべき道、具体的手だても明示されている。すでに定礎された生涯学習の磁場によってそれを具体化（主体化）しなければならない。そこに日本の市民社会の未来がある。

エピローグ――戦後教育の断層

多種、多様な戦後の市民運動・教育運動の殆どは憲法の理念の実現を目指すものであったといっても過言ではない。次に紹介する例は、戦後の社会教育の理論と実践で一時代を風靡した東京都下国立市の事例である。数多い行政社会教育のなかで、市民（当時は「地域住民」と呼ばれた）の自立を基に、憲法の精神を市民に体得させ、市民社会の実現を目指した試みとして画期的なものであった。（因みに、私は社会教育はその後の生涯教育・生涯学習の母体と考えている）

想いかえせば、私は院生時代に国立市に居住し、大学院では社会教育の理論を学びつつ、一方で国立公民館へ足繁く通い、公民館の講座にも出席した。とくに当時の館長徳永功氏は、大学の先輩であると同時に郷里の先輩でもあったので、公私にわたって親しく教えをうけた。とりわけ、社会教育の現実にははかり知れない多くのことを学んだことをいまあらためて懐しく感謝の念をもって想い浮べる。当時私は三池闘争の調査も併行して続けていたので「行政」については一定の批判を抱いていた。しかし、年を経るにつれて、徳永氏が、行政の制約のなかで、「地域住民」を市民に転生させる冷静な誠実な努力を重ねていることが理解できた。その背景には師上原専禄氏の教訓が据えられていたことは交友のなかでも実感できた。行政社会教育とはいえ、戦後社会教育の「断層」ともいえると私は思う。

地域の内実

新しい「地域」（ここでは「市民社会」と同義、以下同じ）はいかなる内実をもつものであるか。やや抽象的であるが、ここでは歴史学者として、国民教育運動の理論化にも関わった上原専禄氏の有名な表現を借用すれば、「国民のための文化、それを創り出す文化の拠点として」の地域であり、「日本の国民生活を進めていくための拠点的な、現実の場として考える、つまりひとつの価値として」（国民教育研究所『年報』一九六三年度）の地域であり、上原氏が強調する「生活現実の歴史化的認識」の具体的「場」でそれはなくてはならないだろう。この点を戦後の社会教育に即してみると、一九五五年前後に農村において前近代的共同体の否定を学習課題とした「共同学習」運動は、特に深くみじかな地域に関わったのであるが、その際に「地域」の問題はその狭い経験のわく内で問題にされがちであり、「自己」と「地域住民」（市民）と「国民」の課題を統一的に捉えていく志向は概して希薄であった。この批判に応えるために、再び上原氏の章句を引用すれば「『現在』の問題意識を出発点とし、それを手がかりとして『過去』を形象化していき、形象化されたその『過去』を媒介として、あらためて『現在』を認識していく」（「現代の認識と問題性」岩波講座現代Ⅰ『現代の問題性』一九六三年）作業＝学習が要請されることになる。この作業を具体的に公的社会教育の場で実践した例として、以下に東京都下国立公民館の営為においてみてみよう（ちなみにこの実践の中心人物であった公民館主事徳永功氏は一橋大学において上原氏の門下生であり師の熱烈な崇拝者であった。因みに高島先生も上原氏とは専門が異なるが上原氏とともに社会学部の創設・発展に尽力されたことは前述した。また徳永氏は社会学部の学生として当然高島先生の影響も受けた。そうであれば、徳永氏の実践には高島市民社会論の継承の面もあることを記したい。）。

公民館活動と地域

国立市（当時は国立町）公民館は他の多くの例のように行政的な施設から生まれたものではなく、その施設も主事も住民自らが生みだしたものであったところに著しい特色がある。すなわち、隣接の立川市の米軍基地の慰安所的状況（一九五〇年に起こった朝鮮戦争によって米軍が増強され国立町にも米軍が風俗業を求めてあふれてきた）を浄化するための「文教地区」指定運動（一九五二年）のなかで一九五五年秋に創出されたのであった。小論に関する限りで、以下国立公民館の目標、方法、内容、施設等を箇条書風にみてみよう。

（1）**基本的目標（目ざす人間像）**　一言でいえば、民主的人間（新しい市民）の創造である。その具体的内容は以下のような「地域住民のことば」で「目ざす人間像」として表現される。⑴自分の頭で考えることのできる人間、他人の生活や意見を尊重できる人間、自主的な判断によって行動できる人間。⑵自分のまわりのことをきちんと処理できる人間、地域社会の民主化に役立つ人間。――歴史の動く方向の中で、日本の社会を一歩でも前進させ、日本人としての人類の進歩に役立ちうる人間。いいかえれば「主体的判断、主権者意識、及び歴史意識をかねそなえた『民主的人間像』」であり、身近な生活や経済問題だけに関心を傾けがちだった従来の地域住民像に批判的に対するものであり、すでにみた上原氏の提言の具体化を社会教育（市民の形成）において志向したものにほかならない。

（2）**民主的人間の形成（中核としての政治学習）**　まず、施設としての公民館は、⑴「住民の自己解放の場（多面的・魅力的な施設）」、⑵「集団的な学習と文化創造の場」として捉えられ、そこにおける学習としては――「継続的な政治学習」が強調される。小論の関わりでいえば特にこの政治学習が重要であるのでやや長いがその具体的説明を引き続いてみよう。「政治学習というのはもちろん広い意味でいっているのである。具体的にいえば、それは地域民主化の根本である自治体改革のための諸問題の学習と、更にもっと大きな意味で日本社会を規制し、地域を集約している諸問題の学習、すなわち社会科学学習という二段構えの学習内容になる。身近な政治問題の学習をはじめ、日本人としての態度をきめるための高度な政治学習の必要が非常に高まっているのが今日の状況である。そして、客観的知識を正確に自分のものとすることなしには、自主的な判断力は生まれない。だから、社会科学の継続的な講座が公民館事業の中で最も重要な仕事としてきちんと位置づけられなくてはならないと考える」（傍点引用者）。みられるように（1）の「目標」が社会科学の系統的学習によって達成されることが意図される。ここで注目すべきは、「地域」特有の問題はそれを直接的な運動と密着させるのではなく、むしろそれらの「実践的な課題を組み入れた講座内容の編成と実施」こそ公民館の主体的事業と考えられていることである。（ここでは本文で触れた勝田守一氏の「教育的価値説」の考え方が見られるように思う。）ここからこの事業を専門職として担う公民館主事は厳しい任務が要求される。

（3）公民館主事の役割　公民館主事は地方公務員（官僚）と自治体労働者との統一という複雑な性格を厳しく求められつつもさらに教育専門職としてすでにみた基本的目標を推進するための仕事に従事する。具体的には、地域社会の実態の調査・分析・整理でありそれを「学習資料として」住民に提供する仕事、さらにそれに基づいて、すでにみた人間像創造（市民形成）のためにこれにつけ加え能なあらゆる形態・方法で定着させ推し進める仕事、ということができよう。さらにこれにつけ加えて、国立市の場合は、「公民館施設の設計とその推進」という仕事が強調されていることは、「非施設・団体中心主義」という戦前来のわが国社会教育の伝統的負の性格に対する明確な批判的提案として注目したい。

以上の不十分な紹介においても、国立市（町）の社会教育活動はすでにみた上原氏の地域構想及びその「場」における大衆（地域住民＝市民）の「歴史化的認識」の一具体的実践であることがよみとれるであろう。同時にその実践は、「官府的民衆教化性」、「農村中心性」、「青年中心性」さらに「非施設・団体中心性」という明治以来のわが国の社会教育の歴史的性格（これは私が東大大学院で教えを受けた社会教育学者碓井正久氏の指摘である。）に対する批判的実践でもあること、しかも、反体制運動ではなく、それと対立しがちな行政の一環として構想され、遂行されていることも特に注目されるべきであろう。この意味で「地域」（市民社会）形成と社会教育の関わりの当時の典型的な実践であることはいうまでもない。

もちろん地域の実情は多様であり、社会教育実践はその地域における住民自治の、その組織と運動の水準に規定されることはたしかである。だが、「社会教育というものは、そもそも、あまり高度なことをやっては人がついてこないとか、集まらないから」といった企画者側の独断や研究不足によって、「学習内容はごく平均的、常識的であり、趣味・実益的なものが支配的であった」ことも事実である。この社会教育の常識的観念を打破した意味でも一つの典型といえるのである。生涯教育の具体的実践をめざす現代の社会教育にとって、「これからはそのような大雑把で単純な内容では、とても多様化し、専門化している人びとの学習要求にこたえていくことはできない。そのことは、受身で聴く通り一ぺんの講義や単なる話し合いではもはやあきたらないという思いをもった人たちが、住民の中に次第に多くなってきている」という実感的提言も併せてその後の社会教育・生涯学習実践に貴重な示唆を与えている。（以上のカッコ内の引用文は、次の徳永功氏の論考を参照にした。「公民館活動の可能性と限界」小川利夫編『現代公民館論』東洋館出版社、一九六五年。「くにたち公民館創設のあゆみ」戦後社会教育実践史刊行委員会編『戦後社会教育実践史』民衆社、一九七四年。「生涯教育と成人教育」持田栄一編『生涯教育論』明治図書、一九七一年）。ここでは高島市民社会論の教育実践の一例として国立市の社会教育の理念と現実を紹介したが、私自身も横浜市や川崎市において（神奈川大学時代）また小金井市（東京学芸大時代）、山梨県（山梨学院大学時代）においても「市民社会・地域社会と教育」の関わりについて地域の人々とともにプランをつくりその実現に努めた。それらの一部は本書四、五章で述べた。因みに、私自身、徳永氏との公私にわたるご教導、交友のなかでしばしば以上に要約される徳永社会教育論を拝聴する機会を得たことを重ねて感謝する。懐かしいわが青春の「断層」である。

注

（1）偶然神田の東京堂で目に止まり早速買い求めたのが高島善哉著『学生のための人生論』（青木書店）であった。この本は大変読み易くまさに目からウロコが落ちるように一気呵成に読み通すことができた。要するにこれからの人生論は社会科学的な人生論でなくてはならない。というのが主旨であった。個人の悩みを文学者や哲学者や宗教家のように個人の問題として説く人生論はもはや余り役に立たない。個人の悩みを社会の問題と関連づけて考える必要がある。それは社会科学者の役目なのだと書かれていた。その主張に大いなる共感を覚えた。これまでにそのようなことを教えてくれた人はいなかった。なによりも当時の私の疑問に見事に答えてくれそうな人生論であった。

これだ！と思わず快哉を叫ぶのを禁じ得なかった。それまではただ名前だけの偉い人だった「高島善哉」が急に真近に迫るような親しみが湧いてきた。そして出来ることならこの人の下で一から学び直したいという気持が次第に強くなっていった。とくに今まで聞いたこともなかった「社会科学」という言葉が当時の私の諸々の悩みを一挙に解決してくれる魔法の響きをもって私に迫った。

（2）この点に関する上原氏の論述を引証しよう。「一橋大学社会学部は、……今まで日本で通念になっていたような社会学科のそれとは大いに趣きを異にした理念と構想に基づくものなのである。一体、日本の社会学を発達させ、この学科を日本で比較的進んでいる社会学科のあらゆる部門にとっての共通の基礎学科までに成長させるためには、研究の視野を著しく拡大し、その方法を大いに改善しなければならないであろう。

即ち、視野についていえば、社会学研究が、少くとも社会科学と人文科学との全領域への不断の展望によって支えられている必要があり、方法についていえば、何よりも、するどい歴史意識が研究に浸透してゆくことが望ましい、と考えられる。一橋大学社会学部は、およそこのような視野と方法による社会学の研究と教授がやがて充分に実現せられるための、一つの、ささやかではあるが真剣な試みを意味する。」（一橋大学社会学部論文集『社会と文化の諸相』一橋大学社会学部長上原専禄編　如水書房、一九五三年、『社会と文化の諸相』発刊の辞）。以上の方法的理念に基づいて、社会学部門、教育学部門、人文学部門の諸学科が設けられるが、ここでは、第二の教育学部門の理念をみてみよう。第一の部門に属する諸学科が、直接に社会の実態を取り扱い、第三のそれは社会の諸文化を研究対象とする諸学科であるのに対し、「第二の教育学部門に属する諸学科」は「未来社会の創造にかかわる諸学科であると同時に、それ自体一つの社会事象に外ならないところの教育現実を研究対象とするところの諸学科」（同）である。それらの諸学科は「教職課程として履修せられうるけれども、教育諸学科が社会学部に設けられた本来の意味は、教育学が社会学のきわめて重要な関連科目であると同時に、それ自体一つの社会学的学科である（同）点に存する。さらに、「教育学が社会学にとって原理的に緊密な関連学科であること、また教育学がそれ自体一つの社会学的学科であること、この二点への認識は日本の学界においても漸く深まりつつあるようであるが、わが社会学部においては、まさしくその認識に立って教育学の研究、教授が行われるべきもの（同）と考えられている。なお上原氏は、この構想は、「一橋学園自体の学問的要請に由来したもの」（同）であると述べながら、実例に類するものとして、アメリカのハーヴード大学の“Department of Social Relation”、シカゴ大学“Division of Social Sciences”が挙げられている。

（3）大学時代にわたくしが属していたゼミナールが大学祭で開催したシンポジウム・「窮乏化論」の講師を引受けられた向坂逸郎氏はわれわれゼミナリステンに次のように繰返し言われた。「窮乏化論をアカデミックに勉強することも大切であるが、現実の窮乏化の作用・発言に対して労働者がいかに闘っているかということを事実において学ぶ必要もあるのではないか。そのためには三井三池の労働者と交流することが最もよいであろう」。この忠告に従ってわたくしは友人とともに三池の労働者の集いに出席して、彼らの討論を傍聴する機会をもつことができた。ほんの垣間見であったとはいえ、向坂先生をはじめとする研究者に伍して、堂々と発言する謙虚ではあるが労働者としての誇りに満ちた彼らの態度は極めて印象的であった。

この点に関説して三池争議当時の総評議長太田薫氏は、「向坂教室とは、いってみれば松下村塾のようなものではなかったかとおもう。理論より心のふれあいが、教え子をつき動かしていたのではないか。資本家の搾取をなくさなければ労働者の解放はないという向坂先生の信念が、労働者にからだで覚えさせたのだろう。向坂先生の人徳というか、学徳というべきか、人間解放への情熱が以心伝心の教えになっていたのだとおもう」（太田薫『わが三池闘争』労働教育センター、一九七八年）と回想されているが、ともかくその「向坂教室」の一角を実見し、鮮烈な感動を覚えたのであった。

（4）その大学で先輩・同僚だった重岡保郎氏にめぐりあえた好機がその後の私の研究に大きな意味をもつことになる。東京からの通勤の車中で毎週いっしょになった同氏からアントニオ・グラムシの思想を指導頂き、又イタリア語の手ほどきまでをうける幸運に恵まれたからである。これまで私が教育研究の「原理」に据えてきたマルクス及びヘーゲルの国家＝市民社会論では満たされなかった現代的な、豊かな思想がグラムシ思想に蔵されていることを知る契機になった。したがって重岡氏とのめぐりあい、示唆は私の大きな転機点であった。同氏の学恩を深く感謝する次第である。

（5）一九一九年五月一日、社会党トリーノ支部に所属していたグラムシ（当時二八歳）、アンジェロ・タスカ（二七歳）、パルミーロ・トリアッティ（二六歳）、ウンベルト・テルラチーニ（二四歳）らによって『オルディネ・ヌオーヴォ』第一号が発行され、工場評議会運動の推進体となった。
トリーノは「自動車の都市」として知られ、自動車工場を中心に近代的な技術的・組織的工場が密集し、一九一三年には、トリーノの人口四五万のうち賃金労働者が八万人、一九一九年には五二万五、〇〇〇人のうち一五万を数えた。

『オルディネ・ヌオーヴォ』一九一九年六月二一日号の論説「労働者民主主義」は、まだ工場評議会の文字を用いていないとはいえ、実質的には、工場評議会運動の最初の宣言である。そこには次のように記されている。

「《プロレタリアートの独裁》という定式をただの定式にとどまらせてはならない。革命的空語をもてあそぶきっかけにとどまらせてはならない。つまり、目的を望むものは手段をもまた望まなければならないのだ。プロレタリアの独裁とは、典型的にプロレタリア的なひとつの新しい国家を設立することである。この新しい国家の中で、非抑圧階級の組織経験が一つに合流し、労働階級の社会の社会生活が全体にゆきわたり、強力に組織された体制となるのだ。」（『グラムシ選集』合同出版、一九六四年⑤一八頁、傍点引用者）

ここには、工場評議会によって新しい国家のあり方を追求するという主張が読みとれるであろう。さらにグラムシは、工場評議会は党や組合と異なり「『公的』性格の機構」であり、「党や組合は『私的』性格の結社」であるとする。つまり「労働者は生産者として工場評議会に参加する」「労働者の普遍的性格の当然の結果として、社会内での労働者の地位と機能の当然の結果として参加するということである」。それは「市民が民主制・議会制国家に参加するのとちょうど同じしかたなのだ」。一方、党や労働組合に労働者が参加するしかたは、「任意参加的」である。「かれは誓約書に署名する。これは一種の『誓約』であって、かれはそれをいつなんどきでも破棄することができる。党や労働組合は、この『任意参加性』によって、この『契約主義性』によって、工場評議会とははっきり区別されるのである。（『グラムシ選集』合同出版、一九六四年⑤一三七頁、傍点引用者）

第一章　疎外論とフォイエルバッハ
――柴田隆行氏との紙上インタビュー

柴田：「先生」とお呼びするべきところですが、本紙（「フォイエルバッハの会」通信）のこれまでの例に倣い、失礼ながら「さん」と呼ばせていただきます。黒沢さんはご著書をたくさん出されており（『人間の疎外と市民社会のヘゲモニー――生涯学習原理論の研究』『国家・市民社会と教育の位相』『現代に生きるグラムシ――市民的ヘゲモニーの思想と現実』『アントニオ・グラムシの思想的境位――生産者社会の夢・市民社会の現実』ほか）、しかも主題は一貫しており、叙述も比較的平明で丁寧になされていますので、質問をしても答えはご著書のどこかに書いてあるという場合が多いのですが、まだ黒沢さんのご著書を読んでいない方のために多少重複的な質問になるかもしれませんが、おつきあいくださない。また、黒沢さんのご研究は、初期マルクスから後期マルクス、市民社会論、ヘゲモニー論、実践的教育論等々と幅が広く、ここでその全体をカバーすることはとうていできませんので、本紙の主たる関心事であるフォイエルバッハ哲学に関係することがらに限定してお尋ねいたします。そのために、壮大なご研究の、いわば重箱の隅をつつくような瑣末な質問に走って失礼を冒すかもしれませんが、ご海容ください。

黒沢さんは、学部学生の頃から現在に至るまで五〇年近く一貫して「疎外」という問題を探究されており、修士論文のタイトルも「人間の疎外と教育」、二〇〇五年に出された七〇〇ページ近い大著のタイトルも『人間の疎外と市民社会のヘゲモニー』であり、〈疎外ではなく物象化を〉と唱えた廣松渉氏に「多大な学恩を受け」ながらもむしろ廣松批判をして疎外論の重要性を主張し続けてこられました。黒沢さんがそこまで「疎外」にこだわり続けた理由、三井・三池闘争での炭鉱労働者との出会いということも一因としてあるのではないかと察しますが、「学生時代に関心を抱いたテーマ、『人間の疎外とその回復としての教育』の周辺をあきもせず彷徨し旋回していたのだなあという感慨」（上記二七頁）を抱くほどの内的根拠について、まず最初にお聞かせいただけますか。

一　疎外論へのアプローチ

黒沢：二つあると思います。一つは、六〇年代はじめに青春を送った世代には共通していると思いますが、当時「疎外論」が流行していました。単なるファッションとしてではありません。次の今村仁司さんの述懐が見事にいいえています。「冷たい科学的論理よりも、社会を批判し、政治に実践的に参加することへの渇望がみなぎっていたのだ。それは日本も西欧も青年に関しては同じであった。こうした思想的環境では、疎外論は流行思想であると同時に批判意識の活性化にとって不可欠の理論装置でもあった。誰もが疎外論者であった」（F・パッペンハイム著・粟田賢三訳『近代人の疎外』岩波書店・同時代ライブラリー、「解説」一九九五年)。そうではあっても疎外論へのアプローチは色々あります。私の場合は、初期マルクスの思想の追思惟《ナッハデンケン》から取り組みました。これまた当時の流行だったと思いますが、私の場合は、城塚登さんの『社会主義思想の成立——若きマルクスの歩み——』(弘文堂、一九五五年)を読んで氏の考えに共感したからです。そこには次のように書かれています。「マルクス主義思想をすでに出来あがったものと見なして解釈に専念する態度、ソヴィエトを社会主義体制のモデルとみなして、それを模倣しようとする態度、思想や主体的実践を抜きにして理論や制度を論じようとする態度に、強い反感をもっていた。私にとっては、マルクスとともに現代に生きることが課題だったのである。『マルクスとともに』とは、マルクスが彼の社会的現実と対決した姿勢を私のものとするということを意味し、彼の思想を貫く方法を私の方法とするということを意味した。」(弘文堂の旧版は手もとに見当たらないので、ここでは「改訂版」として出版された『若きマルクスの思想』勁草書房、一九六九年「まえがき」からの引用であるが、主旨は変わりない。傍点は原文)

　城塚さんは私より少し上の世代ですから、当時の私に城塚さんほど強烈な問題意識があったとは思えません。しかし、社会主義にあこがれながらそれを「完成態」と見なしたくないという点では共通していました。こうした背景には私が学生時代に参加していたゼミナールの指導教官、高島善哉さんの影響も強かったと思います。テキストは『資本論』でしたが、経済学の論理だけを教示するという態度ではなく、当時流行の思想をふんだんに話題にしながら、『資本論』の意味を広い視野から捉えることを私どもに示唆したのです。そして、その話題の多くは、疎外論であり、初期マルクスであり社会主義の思想と現実であったように思います。「教条ではなく、自分の頭で考えよ」――高島さんがことあるごとにそういわれたことがいまも憶えています。それが頭にあって城塚さんのマルクス主義に対する捉え方に共感したのだと思います。つけ加えれば、当時、マルクスの『経済学・哲学草稿』が岩波文庫をはじめ次々と文庫版として出版されたことの影響もあります。(因みに、岩波文庫版の訳者の一人は城塚さんですね。)『資本論』理解のためにサブテキストとして併読しました。話が拡散しますので一は以上にとどめます。

二つは、三池の労働者との出会いと交流です。時代的にはほぼ同時期です。きっかけは向坂逸郎さんをゼミが主催したシンポジウム「窮乏化論」の講師に招んだことです。向坂さんは、『資本論』の翻訳者として、また三池闘争の理論的指導者として、当時超有名人でした。「窮乏化」に触れて、窮乏化の現実を知るためには三池へ行くべきだといわれたことが強く響きました。初めて三池の労働者に会ったのは宇治の料亭「花屋敷」でした。ここは、山本宣治の生家ですね。ここで三池の労働者の集会が行われたのです。向坂さんはもちろん、当時の総評の議長太田薫さんも来ていました。テレビでしか見たことのなかった三池労組の宮川睦男組合長、書記長の灰原茂雄さん、支部長の塚元敦義さんに会ったのもこの時でした。向坂門下の九大の川口武彦さん、島崎譲さん、小島恒久さんもいました。このような知識人に伍して堂々と意見を述べる一般組合員の姿に驚きました。偏見があったとは思いますが、私の〝肉体労働者〟〝炭鉱労働者〟のイメージを覆えす鮮烈な印象でした。「今度は是非三池で」と川口さんに強く奨められ、以後三池への往来が始まったのです。学習会にも出ましたが、「炭住」といわれる労働者の社宅に泊めてもらい、組合の倉庫に山積みになっていた資料に圧倒されながら三池の「闘い」の歴史を勉強しました。一方で、大小の集会にも出席して組合活動の一端を体験しながら、向坂さんの説く「窮乏」の実態を理解しようと努めました。厳密には一致しませんが、「窮乏」を「疎外」と捉えてもよいと思います。当時の「窮乏化論」には「疎外説」という見解もありました。

大学のゼミやサブゼミでは学べない「疎外」のさまざまな面を知ることができました。逐一詳しく述べることはやめますが、私の心を捉えたのは、「疎外」（窮乏）を単に知識として学ぶのではなく闘いの武器として学ぶ姿勢でした。たとえば、「労働強度」の学習も、一月まえよりも、同じ労働でも疲れ方が違う。その告白をうけてそれはなぜか。ほかの現場ではどうか。「職制」の態度はどう変わっているか。休み時間の規制はどうなのか。第二組合との差別状況は。私などにはわからない現場の実態が次々と具体的に出る。チューター（主として組合の活動家や九大の若手研究者）がそれらの発言をゆっくりとまとめ整理しながら、討論を深め、これは『資本論』のこの辺でいっているることに当るのだ。という工合に「労働強度」が説明される。一回でわからない点は次回に持ち越される。決して結論を急がない。大学院へ進学後、そして就職してからも幾度となく「三池通い」をくりかえしたのですが、学習の内容、教材（『資本論』のほか『賃労働と資本』『共産党宣言』など実に多様であった）は変わったが、学習のやり方、パターンは殆ど変わらなかったと記憶します。記憶のうすれた点もありますが、私どもの高島ゼミとは全く違う学び方でした。三池に行くたびに「疎外」の新しい面を学びました。しかもそれをつねに疎外回復の視点から捉えようとすることに感動しました。

少し後に、首を切られて三池を去った組合員が次のようにいったことも忘れられません。「自分が助かりたかったら他人を助けなければだめだ。このことを組合の学習で体得した。」昨年（二〇〇八年）一二月に実に久しぶりに三池の労働者たちと大牟田で会いました。懐しく色々なことが話題になりましたが、「うぬぼれもせず、卑下もしないでなんとかこれまでやってこれたのは組合の学習会のおかげ」とてらいもなく、四人の参加者がごく自然にいわれたことが印象的でした。半世紀もまえに学んだことがその後のそれぞれの人生に生かされていることが静かに伝わってきました。教育とは、学ぶとは。このことを改めてつくづくと考えさせられました。

ご質問の主旨から外れたかもしれませんが、「疎外」の事実をしっかりと見つめ、受けとめながら、仲間と語りあいながら、励ましあいながら「生きる力」に反転させていく。そういう側面から「疎外」の意味を捉える。ややオーバーかもしれませんが、三池の労働者との出会い、そして半世紀に及ぶ交流から私が学んだことです。うまく説明できませんが、それは当然私の「疎外論」にもはねかえります。

柴田：黒沢さんの、現場でのつねに生きた学習と思考という原点をお話しくださり、ありがとうございます。そうした姿勢は黒沢さんのあらゆるご著書のベースでいつも確認できることとして改めて思いました。ところで、今年つまり二〇〇九年の六月に公刊された『長野大学紀要』に「疎外論の再審――生涯学習体系論への序章――」という論文をお載せになっていますが、いまなぜ疎外論の再審が必要だとお考えなのか、この論文をまだ読んでいない本紙読者に、かいつまんでお話しください。

二　木畑壽信氏の批判に答えて

黒沢：一つは、これまでやってきた「疎外論」を元気なうちにまとめておきたいと考えたからです。一つの具体的手がかりとしては、今村仁司さんの「総括」があります。同氏の『現代思想の基礎理論』（講談社、一九九二年）はとてもよい本ですね。そこに収められている「補論　日本におけるマルクス研究の新動向」は大変興味深く、枕許に置いてくりかえし読みました。とくにここで検討されている、平田清明『経済学と歴史認識』（岩波書店、一九七一年）、望月清司『マルクス歴史理論の研究』（岩波書店、一九七三年）はかつて刊行時に購入して読んだのですが、それを現時点でもう一度読みかえすとなにがみえてくるか。そう考えて、「再審」を意図した次第です。改めてこの作業をやりながら、廣松渉さんの「物象化論」の批判的検討も試みたいと念じたのです。しかしいざ手をつけるとなかなかの難行で、そうかんたんにはできそうもないことがわかってきましたが引き続きとりくんでいます。とくに、私にとって『グルンドリッセ』の理解が不可欠ということを痛感しました。

もう一つは、より具体的に木畑壽信氏から拙著『人間の疎外と市民社会のへゲモニー・生涯学習原理論の研究』（大月書店、二〇〇五年）について厳しい批判をうけたことです。（書評「生成する批判的主体――《実践的唯物論》のために、黒沢惟昭『人間の疎外と市民社会のヘゲモニー・生涯学習原理論の研究』を読む」、『アソシエ21　ニューズレター』二〇〇九年、一月）。

木畑氏の批判の要点を述べます。「批判的疎外論の中心に据えられた黒沢の人間観（＝人間の存在論）における『疎外』の概念と『受苦的および情熱的』の概念との接合の仕方の問題である」とされ、それは、「『疎外されること』と『受苦的』とが等価され、さらに、『疎外からの回復』と『情熱的』とが等値されていることである」と捉えて、「この概念構成では人間は生きて存在することが出来ない」と批判するのです。なぜか。木畑氏は次のようにいいます。「疎外からの回復」とは、人間にとっては「受苦的」存在から「情熱的」存在への移行だから、「受苦的」存在を失い死ぬことだ。しかし、「受苦的」と「情熱的」とは社会的人間の現実的な感性的な自然的な諸力に関する人間学的な概念的規定であるから、社会的人間の現実的な感性的な自然的諸力から「受苦的」が失われることは、《本質的に》ありえない。これが木畑氏の批判の要点です。（もう一点はそれほど重要とは思えませんので省略します）。私の反論は次のようです。拙稿から引用します。

「私は、たしかに「疎外されること」と「受苦的」とを同じ内容として捉え、この「受苦」「疎外」からの回復のエネルギーを「情熱的」と捉えた。こうした私の理解には『資本論』の「窮乏化」理論が前提されている。……資本主義的蓄積は必然的に労働者に「窮乏」（疎外）をもたらすが、労働者はそれ（受苦）に対して受動的に甘んじているわけではない。反抗しそれを超えようとする、意欲をもつ存在、つまりその意味で「情熱的」存在でもあるのだ。向坂逸郎が理論的指導者として情熱をもってとり組んだ三井三池の大闘争は以上のマルクスの人間観の実証である。

……

しかし、初期マルクス、とくに『経哲草稿』ではどうであろうか。……そこにはこうある。

「対象的な感性的な存在としての人間は、一つの受苦的〔leidend〕な存在である。自分の苦悩〔Leiden〕を感受する存在であるから、一つの情熱的〔leidenschaftlich〕な存在である」（岩波文庫、二〇八頁）。ここで、「受苦」とは、「感性的」であることであり、「自分の外部に感性的な諸対象をもつこと、自分の感性の諸対象をもつこと」と同義である。そして、「情熱的」とはこの「対象に向かうエネルギッシュに努力をかたむける」（同）ことである。いいかえれば、「人間は――とマルクスは以下のように述べる――直接的には自然存在である。自然存在として、しかも生きている自然存在として人間は一方では自然的な諸力を、生命諸力をそなえており、一つの活動的な自然存在である。これらの力は、人間のなかに諸々の素質、能力として、衝動として実在している。他方では、人間は自然的な肉体的な感性的な対象的な本質として、動物や植物がそうであるように、一つの受苦している〔leidend〕、制約をうけ制限されている本質である。すなわち、人間の衝動の諸対象は、彼の外部に、彼から独立している諸対象として実在している。にもかかわらず、これらの対象は、人間の欲求の対象であって、彼の本質諸力が活動し自己を確証するためには欠くことのできない本質的な諸対象である」（二〇六頁）。要約すれば人間は自己充足的存在ではない。つまり「受苦的存在」であるから、外部の対象（自然）に向い、それを獲得し享受しなければ生存することができない。ところで、この対象を獲得し享受する行為は労働である。マルクスは、ヘーゲルの『外化』を援用して労働を、「人間の本質として、自己を確証しつつある人間の本質」（二〇〇頁）として捉える。すなわち、「人間が外化の内部で、つまり外化された人間として、対自的になること〔für sich werden〕である」（同）。しかし、「疎外された労働」に……おいては、労働の実現は、「労働者の現実性剝奪」（八七頁）として現われる。彼の労働は、「ある欲求の満足ではなく、労働以外のところで諸欲求を満足させるための手段であるにすぎない」（九二頁）。ここで留意を促したいのは「受苦」は対象に向うことではなく、対象化すること自体に変移していることである。「受苦」という意味が変わるのだ。フォイエルバッハ的意味のうえに「疎外された労働」という苦しみが新たに加わるのだ。しかし、フォイエルバッハ的意味の「受苦」がここでは決して解消するわけではなく、それが保存されながら新しい内容が加わるのだ。……初期マルクスを捨て後期マルクスを宣揚するマルクス系研究者に対する批判は、この「保存」の面を軽視、無視した点にある。また「情熱的」も、対象に向い、欲求を充たし、享受することだけでなく、「疎外された労働」の回復へ向う意味も加わるのである。ただし、この面の考察は後期マルクスの労働過程論をまたねばならない。つまり、人間の自己疎外という平板な主張は、社会体の動学過程のなかに疎外の構造が明らかにされる。……この分析をベースに労働者の反抗の意味を動体的に解明しようとしたのが……「窮乏化」理論である。ここでは、「受苦」「情熱」の意味が敷衍されるが、フォイエルバッハ的意味が解消されたのではない。保存されながら、展開したのである。……初期マルクスと後期マルクスの結合である。……「受苦的」「情熱的」という人間、疎外観はこのような意味である……」（拙稿「疎外論の再審――生涯学習体系論への序章――」「長野大学紀要」第三一巻第一号、通巻第一一七号）。

引用が長くなりましたが、木畑氏への反論です。但し一の作業を続けながら今後とも考えていく所存です。

柴田：つぎにちょっと重箱の隅をつつくような質問で恐縮ですが、「疎外」論の根本に関わるのであえて質問させていただきます。いまのお話と密接に関わることであり、すでにいまのお答えに回答が含まれている部分もありますが、二〇〇五年のご著書で、「この世で人間は、疎外された受苦的存在であるが、同時に人間はこの状態をのり超えようとする情熱的な存在でもある。これが私の人間観の前梯である。」（四七頁）と書かれています。確かに、と思う反面、ちょっとひっかかるところがあります。一つは「疎外された」という言葉です。人間は誰からあるいは何から疎外されるのでしょうか。人間がこの世に生きる以上必然的に何かに疎外されるとしたら、人間を疎外する主語は「この世」ということになるのでしょうか。そもそも「この世」とは何でしょうか。これが疑問の二つめです。「この世」は「あの世」つまり死後の世界に対する現世、いまここでこうして私たちが生きている社会を指すのでしょうか。もしそうだとしたら、それは資本制生産社会であっても共産主義社会であっても同じでしょうか。おぎゃあと生まれた瞬間に人間はすでに何ものかに疎外され苦しみを受けるのでしょうか。ユダヤ・キリスト教徒が言う「原罪」のように。もしそうであれば、それは「のり超え」不可能だと思いますが。

「疎外」は、「他のものにすること」が本義ながら、「主体的・能動的であるはずの人間が自ら生みだしたものと疎遠な関係になっている状態をいう」と、黒沢さんの「再審」論文に書かれています。いまさら言うまでもなく、「疎外」は語源的にはラテン語 alienatio やそのドイツ語訳 Entfremdung の文字通り「自分のものを他人のものにする、譲渡する、その結果、譲渡されたものが自分にとって疎遠になる」という意味だと思います。その場合、fremd つまり「疎遠」だけだと、たとえば Ich bin fremd hier.「私は、この土地ではよそ者なので不案内です」という表現に否定的な意味はないでしょう。Fremdsprache は直訳すると「疎遠な言葉」ですが、一般に「外国語」を意味します。ところが fremd に接頭語 ent-という、引き離され対立する意味が加わると否定的なニュアンスが強くなるようです。それでもなお、Entäußerung「外化」と同様、Entfremdung という言葉自体にはどこかまだ能動性が残っているように私には思われます。しかし、そこに否定的な意味が加わって、社会的な文脈で言われるとき、「疎外」は「自己疎外」つまり「自分が自分にとってよそよそしい」「自分が自分でありながら自分でない」あるいは「自分でないように思える」ということになる。そうだとすると、「自分が自分でありながら自分でない」状況に何がしているのかが問題になります。フォイエルバッハの場合、それは「神」かもしれませんが、「神」は人間の本質が対象化されたもの、つまりは人間の自己疎外態ですから、結局は「自己」です。

要するに何を言いたいかと申しますと、「疎外」は、たんなる哲学概念としてではなく社会概念として語られる場合には「自己疎外」を意味し、自己疎外を引き起こす外的原因はあるとしても、少なくとも、自己の外にある他の何ものかによって「疎外される」のではないと思うのですが、どうでしょうか。

黒沢：たしかに、おっしゃるように「疎外論」の根本に関わると思います。しかし、正直なところそこまで厳密には考えていなかったと思います。そうした反省をこめて、いま考えられることを率直に述べて回答にかえさせていただきます。

1．引用の「人間観の前梯」は、前述のように『経哲草稿』のマルクスの章句です。したがって、当然ながらこれは資本制社会の疎外との関連で語られていると思います。しかし、私がこの章句を引用したのは私の「人間観」の「前梯」としてです。つまり、人間は苦悩しているけれど、それに甘んじないでそれを克服していくのが人間なのだ、私はそのように人間を捉えるのだということをいいたかったのです。

2．「この世」といういいかたは、たしかに不分明ですね。おっしゃるように「原罪」を背負うという意味に捉えられてしまいます。俗的にいえば、生きる限り、苦難はさけられないが、それを克服するのが人間だ、という戒めというか、お説教のように響きますね。あえて弁解すれば、疎外のなかでそれを運命としてうけ入れて、生きていくのも人間だ。しかしこういう人間観を私はうけいれない。ということを「前梯」として「疎外」を考えるのだ。こういうおもいをマルクスの章句によって表明したかったのだと思います。これまた牽強付会と笑われるかもしれませんが、「真剣に生きようとすれば人間は悩むものだ。しかし、努めてやまない限り救いはあるのだ」という『ファウスト』の言葉が頭のどこかにあり、無意識のうちにそれと重ねあわせていたのだとも思います。もちろん、前述の三池の労働者の闘いとも重ねていました。根本的な質問に対して、なにやら決意表明のような答えになって恐縮です。もう一点、私の初期マルクス研究に関連する以下のことをつけ加えます。

「互いに教育しあう自由人の結合体」――『ライン新聞』期に記されたこの短い章句のなかにこの期のマルクスの人間（個人）＝社会・教育についての考え方が簡潔に表わされている。より具体的にみれば、その教育の内実とは、「個々人の目的を普遍的な目的に」「粗野な衝動を倫理的性向に」「自然的な独立性を精神的自由に」変える（教育する）ことであり、このこと（教育）によって「個々人が全体の生活のなかで自分の生活をたのしみ、全体が個々人の心情を自己の心情としてたのしむ」ことが可能になるのであり、その結果、冒頭の「自由人の結合体」が創造されるとマルクスは説くのである。

以上のように、「自由人の結合体」の生成のためには、教育が不可欠なのだという謂を「ライン新聞」期のマルクスの章句によって、確認したうえで、プロレタリアートの自己解放がその条件をつくり出すことを次のように述べました。「プロレタリアートが自由人に到らんとすることはこの社会の否定を意味するのであり、この否定を拒否する階級としてのブルジョアジー――同じ疎外の中に快適と安固を感じている――のエネルギーに対抗するものとしてプロレタリアートの反逆のエネルギーは絶対的に必須であるが、それはあくまで自由人に到るための自己認識（教育）のための契機に過ぎないのである。」「したがって、この社会の否定の地平において、いいかえれば、直接的な反逆のエネルギーがもはや必要でなくなった時点において、教育はその役割を了えるなどといえるものではなく、その否定を絶対条件とする新しい社会＝自由人の結合体を真に創造していくためにも教育は無限の展望において必要とされるのである。未来社会の展望を簡潔に表現した冒頭のマルクスの章句にマルクスがあえて「教育」の語句を挿入したことは教育なくしては人間の真の自由は現実に発現することはあり得ないというマルクスの確信を表明しているものと思われる。」（拙著『疎外と教育』新評論、一九八〇年、一七九〜一八三頁参照）

要するに、社会主義革命によって、資本主義の疎外は解消するが、その後も新しい「疎外」が生ずるのではないか。それを相互の教育によって「自由人の結合体」をつくりださなければならない。これが主旨です。社会主義になればすべてうまくいく、という当時の風潮に、批判を提示したつもりです。そうした考えを初期マルクスが（引用にみるように）説いていたことに驚いた次第です。ですから、私の疎外についての考え方も、あいまいな表現になってしまったと思います。

3．後半の部分のご説明は、おっしゃる通りで、私の前出の「再審」論文で書いたことと重なっています。ドイツ語で書かれた一文も、受験時代に「I'm foreigner here」を習い、のちに foreign が「疎外」と同じ意味であることを知り面白く思いました。

以上、疎外の根本的問題に関するご質問をうけたにもかかわらず、「状況」説明のようになりましたが、今後も論理的回答になるように考え続けたいと念じます。反省の一端を汲みとってくだされば幸いです。

三　フォイエルバッハをめぐって

柴田：『疎外と教育』というご著書は、むかし初めて読んだときは、そこに出てくる「教育」という概念の新鮮さに感動しました。最後に、フォイエルバッハの会としてぜひお尋ねしたいことですが、黒沢さんのご著書には「フォイエルバッハ」の名が多く見いだされ、マルクスやグラムシほどではないとしても、フォイエルバッハ哲学にかなりの関心を寄せられているのではないかと思われます。

しかし、黒沢さんがフォイエルバッハに言及するのは、おもに二つのケースに限定されると思われます。一つはマルクスの思想形成過程の一齣としてであり、もう一つは山之内靖さんの論考への参照においてです。前者の、マルクスは若い頃にフォイエルバッハから大きな影響を受けたがフォイエルバッハの思想は抽象的であるがゆえにマルクスはそれを批判し乗り越えた、といったストーリーは、あまりにマルクス主義教科書的で、私たちフォイエルバッハ研究者からすれば、失礼ながらまったく興味を持てませんが、山之内さんが繰り返し強調される「受苦者のまなざし」には学ぶべきところがあります。とくにその「進化主義」批判についてです。しかし、それも結局はマルクスとの関係で語られているにすぎず、フォイエルバッハ哲学独自の意義が必ずしも十分評価されているとは思えません。黒沢さんご自身はフォイエルバッハ哲学にどのような関心をお持ちですか。初期マルクス研究の一齣としてではなく、「人間の疎外と教育」あるいは「人間の疎外と市民社会のヘゲモニー」という主題そのものに関連してフォイエルバッハ哲学から学ぶべき点があるとお考えでしょうか。あるとしたら、それはどういう点でしょうか。

黒沢：肝心要なご質問ですが、私の場合は、「まったく興味を持てません」とおっしゃる「解釈」に長くとどまっていました。お恥しい限りです。ただし、「とはいえ」私なりにフォイエルバッハに関心をもっていたことは事実です。素人ですから的外れだったら批判していただきたいのですが、結論的にいえば、フォイエルバッハの「感性・感覚性」優位の主張がグラムシの「知識人批判」と通じていることに改めて気づいたのです。この点については、さいきん読んだ大川正彦さんの『マルクス　いま、コミュニズムを生きるとは？』（NHK出版、二〇〇四年）が参考になりました。大川さんは、まずフォイエルバッハから次の引用をします。

「将来の哲学は、哲学を『死んだ魂』の国から、肉体をもった、生きた魂の国へふたたび導き入れるという課題を、つまり、哲学を神々しい、何の欲求もない思想の法悦から、人間的悲惨の中へ引きおろすという課題をもっている。」（『将来の哲学の根本命題　他二篇』松村一人・和田楽訳、岩波文庫、一九六七年、七頁）

このような課題のもと、「理性の優位とでもいうべき哲学のありようが徹底的に批判される。感性・感覚性の優位の主張である」（同二四頁）とされ、さらに次の章句を引用しています。

「思想が自分を実現することは、まさにそれが自分を否定すること、すなわち単なる思想であることを止めることである。では、この思考でないもの、思考から区別されたものはいったい何であろうか。感性的なものである。したがって、思想が自分を実現するとは、それが感覚諸器官の対象になるということのほかならない」（同上フォイエルバッハ訳書、六七頁）。

ここから大川さんは、フォイエルバッハの「困窮」「必要」「欲求」へと論理を展開し、そこから「連帯」へ話を進めるのですが、それは後述します。私が注目するのは、「徹底して感性・感覚の優位」の主張から、人間が抱く「困窮」「困窮に苦しむ」姿に視野を届かせつつ、「ヘーゲル哲学批判（そして、それを通じた社会変革への道）を探ろうとしていたフォイエルバッハの視座」（大川前掲書、三六頁）です。

何故かといいますとグラムシも、感覚に大きなウエイトをおいて論理を構築しているからです。それは、『獄中ノート』の有名な知識人と大衆についての叙述に明らかです。グラムシは次のようにいいます。

「大衆的分子は『感ずる』けれども、いつでも理解し、あるいは知るというわけではない。知的分子は『知る』けれども、いつでも理解するとはかぎらないし、とりわけ『感ずる』とはかぎらない」（『ノート』11、六七章、一五〇五頁）。一方で大衆の知の分裂に対する批判ですが、感性については評価します。この場合次の表現に注目すべきです。

「『現実』は、謙遜な人、つつましい（umile）人々によって表現されるのである」（『ノート』23、五一章）。つまり、グラムシにあっては、「現実」は、大衆が表現することが前提である。それは感覚によってである。知とはこの「感覚」によって表現された「現実」をねり上げることである。この文脈では明らかに大衆の感覚が第一次的とされています。前引のフォイエルバッハの表現でいえば、「思想が自分を実現するとは、それが感覚諸器官の対象になる」（前掲訳書、三四頁）ことにほかなりません。ただし、グラムシの「連帯」は、知識人と大衆との接触、交流によって、対象を「ともにつかみとるコム・プレンデレ」ことに求められるのです。それはともかくとして、現実とは大衆が感覚によって表現したものである。たとえそれが、一面的なものであっても、大衆が感覚によってつかみとり、表現することが現実だという主張には、感覚の優位性の主張という点でフォイエルバッハとグラムシは共通性があるということは私にとって大変興味深いことです。煮つまった論理として提示できませんが、私がフォイエルバッハに関心をもつ点です。

次に、関心というよりフォイエルバッハ研究者に改めておたづねしたい点を述べます。「再審」論文でも触れた点ですがその点はご了承ください。大川さんは、感覚性への着目をやや「社会的なことがら」への関心の転移として、「受苦」をとりあげます。そして次のようにいいます。「人間は受苦的な存在である。生きているかぎり、そのことから逃れようもない。そうだとしても、いや、そうであるからこそ、受苦的な存在としての人間が直面する『困窮』が、いったい自然とのどのようなかかわりにおいて、そしてひととひととの〈あいだ〉が織り成す、どのようなかたちでの社会的な連関、つまりは間柄において——したがって、どのような具体的な歴史のなかで問われるのか。そして、この問題とどのように向き合って、これにどのように対処してゆくのか。これが問題となるはずである。」（前掲大川書、三六～三七頁）。

以上のように、大川さんは、問題を提示はするのですが、解答は示していません。ただし、次のように、否定的答えは述べています。「ともに悩み苦しむ存在であるのだから、一緒に連帯しましょう、分かり合えるはずでしょう」は、「意識至上主義」と批判しているのです。（三七頁）。

しかし、山之内靖さんは、『受苦者のまなざし——初期マルクス再興』（青土社、二〇〇四年）において、この点を次のように述べています。

「フォイエルバッハにあっては、『人間的本質』としての『類』が先にあって個がその一部として理解されるのではない……有限なものに出発しながら、それが有限な、限界をもった存在であるが故に結び合わなければならない社会的関係を通して、初めて全体的なものが理解されること」（前出山之内書、一八三頁）がフォイエルバッハの立場であると。さらに山之内さんはこうもいいます。「有限で受苦的な個人としての人間が、個としての立場においてそのまま類と同一化することはあり得ないし、また絶対にできはしないという事実を、積極的かつ肯定的に受苦する立場、それがフォイエルバッハの基本的な立脚点だということなのである。」（同上、一八〇〜一八一頁）。

引用の順序を逆にした方がよかったかもしれませんが、ヘーゲルとの違いは了解できますが、大川さんの立てた問題に山之内さんは答えていない、と思うのです。いや、そう断定しては山之内さんに酷です。山之内さんは、たしかに、グローバリゼーションの時代における「自然環境に根ざした社会関係、自然環境に根ざした文化的アイデンティティ」（同、四三頁）の喪失に論及し、その具体的な例として、不登校児やその親たちの「反管理の場」に留意を促しています。つまり、そこに「受苦者の連帯」の一環をみてとろうとします。この新たな空間は、意図せずして「管理社会を支える専門家の論理と役割への疑義」を生じさせ、ここから「地域コミュニティの新たな役割と可能性を模索する運動が展開してゆく」（四七頁）と山之内さんは主張するのです。この主張は大川さんの前述のフォイエルバッハ的「変革の道」の提唱とみられないわけではないとも思うのです。しかし、これは「受苦者のまなざし」を特権化するものだという批判もあります（植村邦彦「〈研究動向〉唯物論と自然主義をめぐって［二〇〇四年のマルクス］」、「社会思想史研究会」No29、二〇〇五年）。これでは、フォイエルバッハが批判した「意識至上主義」ではないかというわけです。一面ではなるほどと思いながら、それでは大川さんが提起した、フォイエルバッハによる「社会的な連関」はどのように構想されるのだろうか。フォイエルバッハはどのように考えたのでしょうか。フォイエルバッハ研究者に逆におたずねしたい点です。マルクスは、具体的にその構想を示さないフォイエルバッハに失望し、ヘーゲルの方に反転して、フォイエルバッハをのり超えようとしたのだと思いますが。これはマルクス中心のフォイエルバッハ観だと苦笑されるでしょうか。ご教示を乞いたいところです。

柴田：インタヴュアーが逆に質問を受けるかたちになりましたが、その回答をインタヴュアーの私個人の考えで代行させては、せっかくフォイエルバッハ哲学の研究者の多くが読んでくれると期待される本紙としてはもったいないので、この点につきましては、ぜひ読者のみなさんから盛んなご意見が発せられることを期待したいと思います。蛇足ながら一言付け加えるならば、マルクスも、そして山之内さんも黒沢さんも、前期・中期のフォイエルバッハ著作しか読まないでフォイエルバッハ哲学への不満を述べているのではないかと私には思われます。大川さんが提起した問題の一端に触れるものとして、たとえば本会が編集した『フォイエルバッハ　自然・他者・歴史』（理想社、二〇〇四年）所収の滝口清栄さんの論文「倫理的ミニマムとしての幸福主義――フォイエルバッハ後期倫理思想の意味」がありますし、本紙でも紹介した河上睦子さんの著書『宗教批判と身体論フォイエルバッハ中・後期思想の研究』（御茶の水書房、二〇〇八年）では「受苦」概念が彼の身体論を核として初めて成り立つことが詳細に論述されています。「意識至上主義」どころの話ではありません。ドイツでは、国際フォイエルバッハ学会が一九九二年に開いた大会の成果が本としてまとめられておりますし（*Solidarität oder Egoismus. Studien zu einer Ethik bei und nach Ludwig Feuerbach*, hrsg. von Hans-Jürg Braun, Berlin 1994）、最近では国際フォイエルバッハ学会叢書の第二巻として公刊された Judith Sieverding, *Sensibilität und Solidarität. Skizze einer dialogischen Ethik im Anschluss an Ludwig Feuerbach und Richard Roty*, Münster 2007があり、ここでもご質問の問題に言及されています。そうだとしても、本会としても提示されたご質問について活発な意見が交わされることを期待しましょう。

今日はご多忙のところ、たいへん示唆に富むお話をたくさん聞かせてくださり、ありがとうございます。とくにベネズエラ政府からの招聘でカラカスにてチャベス大統領ほか政府要人に日本の教育について講演をなさるというたいへんご多忙の時期と重なりご迷惑をおかけしました。黒沢さんの壮大で包括的な、しかも極めて実践的なご研究にほとんど触れずに瑣末な質問ばかりで恐縮ですが、それにもかかわらず、フォイエルバッハ研究者にとってもたいへん有意義なご意見をお聞かせいただきました。

第二章　疎外論の再審
――初期マルクスと後期マルクスの統一の視点から――

はじめに

(1) パッペンハイム『近代人の疎外』

「疎外」という言葉を自覚的にうけとめたのは、一橋大学時代にうけた、「社会科学概論」の講義の時であった。講義を担当された高島善哉教授が、邦訳まもなく出版されたパッペンハイムの『近代人の疎外』（粟田賢三訳、岩波新書、一九六〇年）を推せん図書にあげ、その際に疎外について説明を行ったのである。半世紀も昔のことであるから記憶は定かでないが、幸い本書に触れた教授の論考「社会科学と人間疎外――とくにパッペンハイムの著作にふれつつ――」（一橋大学一橋学会編集『一橋論叢』日本評論新社、一九六一年、七月号）が手許にあるので、これによって当時のレクチュアを想い出すことにしたい。

まず、教授は当時の「疎外論」ブームを戒めて、「それは現代的人間の危機の意識であり、人間危機の自覚の意識である」ことに留意を促す。さらに、「疎外の意識とはもともと批判の意識である」。それは「人間が人間でなくなっていることに対する反省の意識である」「自分が人間として否定されているという自己反省の意識――これが疎外の意識である」。だから「疎外論というものは、あくまでも人間のもっとも根源的な自己批判の意識、もっとも根源的な自己反省の意識であるといわねばならない。」

疎外をこのように捉えたうえで、教授は次のようにパッペンハイムの視点を評価する。それは、パッペンハイムが「近代的人間の疎外の原因を何よりも近代的商品生産とゲゼルシャフトの発展の中にみて、そこから疎外克服の道を開こうとしている」ことである。いいかえれば、パッペンハイムが疎外の克服の道を、当時流行した、「単に宗教的な、単に思弁的な克服の道を斥けている」また「単に宗教的な道」にも賛成していないからである。つまり、この著書の魅力は、「文明批評と歴史観と人間把握と社会科学的分析の渾然たる統一体」を感ぜさせるこにあるという。さらに教授は、アメリカの社会学者であるパッペンハイムが、「疎外の問題を初期マルクス研究、とくにマルクスの『経済学、哲学手稿』(一八四四年)の研究と結びつけている」ことに注目する。しかし、「初期マルクスと後期マルクスを統一的に摑もうとする努力の必要を十分に強調していない」ことに不満を表明する。たしかに、初期マルクスによって疎外の「主体―客体」関係の論理は把かんでいるが、疎外によって、「人間が自我を実現していく創造の過程」、つまり疎外は「生産の過程」でもあるが、この「積極的な意味」は理解していない。これは「マルクスの初期と後期を統一的に摑むことの意義を知らない」ためであると教授は断定する。パッペンハイムは社会学者として、社会主義が疎外の問題の最後の結論と主張している点で、アメリカの他の社会学者とは大いにちがっている。その点を認めても、教授はパッペンハイムの論理の不徹底の感じを次のように述べて論考を結んでいる。

「彼は初期のマルクスと後期のマルクスを統一的に理解する代りに、マルクスとテンニエスの商品構造分析の類似点を指摘するに止ったのである。これでは疎外の論理の十分の展開とはなりえないであろう。」

以上、高島教授のパッペンハイム『近代人の疎外』の評注を通して「疎外」についての考え方を検討した。私なりにまとめれば、疎外を単なる流行としてムード的に解するのではなく、危機の意識として捉えなければならない。そのためには近代的商品生産、つまり資本主義社会のなかにその克服の道を探らなければならない。結論的にいえば、それは初期マルクス（『経哲草稿』）と後期マルクス（『資本論』）の統一によって克服の道が見出されるのだ。このようにいえるだろう。なお、疎外の克服について社会主義にも言及しているが、教授が次のように述べていることはポスト社会主義の現代の時点では大変示唆的である。「疎外」という現象が未来の社会にも原則として起こりうること、すなわち「社会主義や共産主義の体制下においても人間疎外の可能性がある」ことをパッペンハイムがはっきりと認めていることである。

想えば、以上のような教授の疎外論のレクチュアに啓発されて私は疎外への強い関心をいだいた。以来今日に至るまで、人間の疎外とその回復にこだわってきたのである。さらにいえばその後、三井三池の労働者と出会い、そこの学習活動（とりわけ「向坂教室」）を知るに及んで、疎外の回復の契機を教育に見据えたのであった。研究テーマは「疎外と教育」に限定して調査・研究を続けてきたのである。その間の具体的成果としては拙論「人間の疎外と教育」（東京大学修士論文、一九六七年提出）がある。なお、しばらく後にこの論文をもとに、『疎外と教育』（新評論、一九八〇年）を書き上げ公刊した。

ところで、前述したが高島教授が指摘する初期マルクスと後期マルクスの統一的把握というテーマは、疎外論においても主要な論点であることは後論でも考察する。その前提として以下、内田義彦『資本論の世界』（岩波新書、一九六六年）によってこの問題の要点をみておこう。

(2) 内田義彦『資本論の世界』

今村仁司は、一九六〇年代の新しいマルクス研究の出発点を本書に見定めて次のように高く評価する。「内田はこの小著のなかで、六〇年代のマルクスを導くところの諸々の視点・論点ならびに方法的立場をふくむ先導理念を提出している」。内田は本書のなかで「諸々の豊かな観点を濃密に凝縮させており、個々の論点を個別に展開するなら優に数巻の書物ができ上がるであろう」（今村仁司『現代思想の基礎理論』講談社学術文庫、一九九二年、三六〇〜三六一頁、本書に多くの教示をうけた。）だから、本書は「体裁は小著だが内容は大著である」（三六一頁）と強調する。しかもその中心論点は「疎外論」であり、「初期マルクスのいささか閉鎖的・静態的な疎外論を『資本論』の分析とつなげて動体化すること」（同）が内田のオリジナルな功績である。この今村の教示を参考にして、内田の「疎外論」の特色をみよう。

　高島と同じく、内田も、疎外論ブームの一面性を「思想をわすれた経済学研究にかわって、経済的事実に目を閉じた思想論が現れたという感じ」（一八頁）と批判する。つまり、「思想論というか、人間論の方から追究されていた疎外論のマルクスと、経済学の方で追究されていた『資本論』のマルクスをどう統一するか」（同）が問題なのである。しかも、「資本主義という独自な私有財産制度の下での……搾取の独自な様相をどうつかむか」（一九頁）が重要である。より的をしぼれば次のようになる。「初期マルクスの思考の凝縮点である労働過程論が、『資本論』の中でどういう位置づけをあたえられているか……。労働過程論をぬきにしては『資本論』を通じてえがこうとした歴史家マルクスの世界はきえる。しかし、労働過程論を、経済学の体系である『資本論』の論理的なコンテクストの中から抜き出して、そこだけを取出すと、初期マルクスというか、哲学者マルクスに逆転してしまう。『資本論』という、経済の論理に徹したきわめて体系的な本を通じて（始めて）示されるようなマルクスの世界は、これまた消えるわけです」（八一頁）。内田は、労働過程を「歴史貫通的」（八一頁）なものとして捉える。しかし、「どの歴史段階にも共通だということは、裏からいえば人間に独自だということで……人類の歴史に貫通するものを取出すことによって、ほかならない人間の物質代謝過程——つまり自然に働きかけて生きてゆく生き方——というものを、他の生物のそれから区別するという形で明らかにする。特殊人間的な物質代謝過程の本質」（八六頁）をえがいている。その本質とは、「目的定立を、実際の生産に先行する一つの行為として行なう」（八七頁）ことである。次の点も重要である。「労働によって現在および将来の生活に必要な一切のものを作り上げるということと、そこから他ならぬ人間が作り上げられてゆくということ、この二つの意味をこめて、マルクスは労働過程が人間の生活に基底的だといっている」（一〇一頁）わけだ。

このあとで内田は、資本主義的疎外があい関連する次の二つの点にあることを指摘する。1「労働過程の指揮統制が、（生産手段の所有者たる）資本家のものになること。」2「労働の生産物が資本家のものになること」（一〇二頁）。

「生産したものは他人のものになり、従って他人＝財産の所有者が目的をたて、他人の立てた目的のために他人の意志に従属して労働する」（一〇九〜一一〇頁）。そのため「労働自体は、人間にとって本来人間として生きる営みと切り離せない場所であるのに、……私有財産制度のもとでは多かれ少なかれ——そうではなくなっている」（一一〇頁）と疎外の状況を説明する。ここで内田は次の『賃労働と資本』の一文を引用している。

「労働は、労働者自身の生命活動であり、かれ自身の生命の発現である。そしてこの生命活動を、かれは必要な生活資料を手に入れるために他人に売るのである。かれの生命活動は、かれにとっては存在するための手段にすぎない。かれは生きるために働く。かれは労働をかれの生活の中にふくめることさえしない。労働はむしろかれの生活を犠牲にすることである。それは、かれが他の人間にせり売りした一つの商品である。したがって、かれの活動生産物も、かれの活動目的ではない」（同）。以上にみるように、疎外の問題が初期マルクスの哲学・思想的なものから、後期の『資本論』の商品分析に結びつけ説明されるのである。こうして前述されたパッペンハイムの一面性は克服される。

さらに、内田が大工業制度について次のように述べている点も注目すべきである。

「近代的工業は、機械・科学的処置・その他の方法によって、生産の技術的基礎とともに、労働者の機能および労働過程の社会的結合をたえず変革する。かくしてそれはまた、社会的分業をたえず変革し、一生産部門から他の生産部門へ、多量の資本および労働者をたえまなく移動させる。したがって大工業の本性は、労働の転変・機能の流出・労働者の全面的可動性・を条件づける」（一五六頁）。このように、大工業が「労働者の全面的可動性」、教育学的にいえば、全面的発達の可能性をうみだしているのである。いいかえれば、疎外のなかに、それを超えていく可能性が見られることの指摘として示唆的である。内田はこの点を次のように敷衍して説明する。

「初期マルクスでは、私有財産制度を変革する主体としてのプロレタリアートが検出されたに過ぎないが、『資本論』ではそうではない。ここでは、変革の主体とともに客観的条件が――それも変革の過程における主体的客観的条件であるとともに、変革の時期をこえて（まさに変革という断絶をへて）未来社会での、人間と自然との科学的・合理的な物質代謝過程を可能ならしめるべき主体的客観的条件として――この二重の意味を含めての変革の主体的客観的条件が、剰余価値生産の法則それ自体によってつくりだされることが示されて」（一五九頁）いる。いいかえれば、「新社会の形成的諸要素と旧社会の変革的諸契機」が、価値法則それ自体によって自然的に成熟してくる」（同）ということである。

さらに内田は、資本主義社会の教育について次のように説明する。

「人間は人間として教育されるのではなく、追加的な労働力商品そのものとして、また、労働力商品の所有者として教育される。総過程を経済学的にみれば、このことはどうしても否定でき」（一九五頁）ない。しかし、同時に、「こういったことを否定しようとする人間の願望や行動の働く場を同じ経済法則が作り出している」（同）のである。つまり、「経済的範疇の人格化として人間の行動を掴むということは、経済的範疇や法則に含まれる矛盾を自覚し、止揚するのも、また、人間である」（同）ということである。（後論の「窮乏化論」参照）

以上、内田の考察を疎外論の視点から概略したが、今村は内田の分析を次のように総括する。第一は、「労働過程論である。内田は労働過程論に初期のマルクスの思想の頂点を見出す。それは社会的物質的代謝過程（対自然活動）として『資本論』全体の基礎をなすと判断される。誤解されがちなマルクスの自然史過程をこのような形でまっとうな歴史理論として仕上げる可能性を内田は開拓した。さらに内田は、マルクスの社会＝歴史理論の基礎に不可欠の場面として対自然活動を強調することによって、平板な人間主義を克服した。内田が力説した自然史的過程としての労働過程論は、その後しばしば忘失されがちだが、最も重要な着眼点のひとつである。」（前掲今村書、三六八頁）

第二は、歴史を解析する手段である。一般のやり方とちがって、内田は、とくに「蓄積＝再生産過程に見出した。生きた活動と死んだ活動のおりなす累積過程、ここにこそ歴史性の生誕の場所がある。単なる過去・現在・未来のグラマティカルな発想と手を切り、生きた活動（労働）を中軸にした活動の日常的累積から歴史を解析すること、これはマルクスの根本的な科学論的前提であり、内田は鋭くこの点に着目した。」（同）つまり、内田は「疎外論的人間＝社会観」と「累積論的歴史観」（同）との二極からマルクスの思想を体系的に捉えることを提示したのである。この点を今村は高く評価する。

なお、この視点は六〇年代マルクス研究の「先導理念」であるという今村の評価については先述した。疎外派の平田清明は『経済学と歴史認識』（岩波書店、一九七一年）を著したが、内田の継承の成果である。これは、『グルントリッセ』を経済学視点よりも歴史理論的に解明した点で画期的業績であった。注目すべきは、その手法を内田がひらいた「累積的歴史論」を継承した点である。さらに平田は、「世界史の三段階」を提唱し、マルクスのもう一つの歴史像―共同体―市民社会―社会主義―を提唱し、「市民社会」概念を歴史認識の方法論的概念に鍛え上げた。（今村書、三七〇頁参照）。さらに内田、平田の学説を継承したのは望月清司である（『マルクス歴史理論の研究』岩波書店、一九七三年）。

今村によって、要点のみを述べよう。望月のオリジナルな発想は、「疎外」（哲学）と「分業」（経済学）の観点から、平田の「共同体―市民社会―社会主義」史観を前進させて、「遠く未来社会の解放的共同性を構想することにある」。望月にいたって、内田義彦に始まった、疎外論と市民社会論とを統合したマルクス歴史理論はひとつの極点に達する。平田の主張した歴史認識の方法概念としての「市民社会」は望月によって「ゲマインシャフト」という独自の概念に仕上げられる。本源的市民社会は、本源的であるゆえにイデアルとして未来に向けて回復的に展望されることになる（自由人の連合、それは自由人のゲマインシャフト＝ゲゼルシャフトである）（今村前掲書、三七二頁）。さらに、後論で一端を、検討する花崎皋平のグルントリッセ研究も内田の『資本論の世界』を「巧みに読みなおし」（今村書、三八〇頁）たものであると今村が指摘することに注目したい。

以上、今村仁司の教示を参考にして、内田義彦の「疎外論」の射程の広大さを概説した。初期マルクスと後期マルクスの統一的把握については後論でも論及する。

一　疎外の思想

疎外の思想について先行の諸研究を要覧・総括した経緯がある。小論のために加筆・修正をして再録する。

1　語義

語源的には、外化（Entäusserung）という類語と同様に、ギリシャ語（allotriosiz）、ラテン語（alienatio）など、〈他者化、譲渡化〉を意味するドイツ語訳に淵源するものであり、すでに中世ドイツ語にも存在し、ルターの独訳聖書にも用例がみられる。この語は「他のものにする」ことが本義であるが、ここから転じて、主体的・能動的であるはずの人間が自ら生み出したものと疎遠な関係になっている状態をいう。さらに一般的にあるものが「非本来的な在り方」になっている状態を総称して「疎外」という言葉で呼ばれている。

2　思想的系譜

疎外の思想はフィヒテ（Fichte, J. G）、ヘーゲル（Hegel, G. W. F）らのドイツ古典哲学者から展開された。フィヒテは、先述の Entäusserung という語を用いて、神が自己を外化して人間のかたちとなったという聖書の立論を逆転させ、人間が自分の内なるものを外化して神を定立するのだと説き、後述のフォイエルバッハ（Feuerbach, L. A）の宗教批判の先鞭をつけたのであった。さらに、フィヒテの疎外論は、意識の自己外化によって絶対精神に至るというヘーゲル哲学の先駆ともなっている。

3　ヘーゲル

ヘーゲルにおいては、Entäusserung（外化）とEntfremdung（疎外）は述語としては区別して用いられている。ヘーゲルがEntäusserungという語をはじめて用いたのは『イエナ実在哲学』においてであり、それは労働論の文脈で論じられている。つまり彼は人間の労働を〈此岸的な自己物化（外化）〉と規定したが、労働の場における外化と回復の論理構制を彼岸的な精神の自己外化（疎外）と自己獲得という普遍的な論理展開に活用する。ヘーゲルによれば、唯一の実在は精神・理念とされるが、この精神は、それ自体としては自立することができない。そこで自己の外部に本質を外化するが、やがて精神はこの外化された対象＝自己表現のなかに自己を承認しなくなる。このとき、外化された精神は本来の精神とはよそよそしい（fremd）関係にあるとされている。このような精神の活動の構図がヘーゲルにおける「疎外」（「外化」）である。しかしヘーゲルにとっては「疎外」（「外化」）は精神の発展のために超えなければならない過程、すなわち、精神がやがて自己を意識として自立的な自己になりゆくための不可欠な体験の一齣なのである。こうして疎外を克服した精神はついに「絶対的精神」（absoluter Geist）に達し、主・客の統一、融合を体現することになる（『精神現象学』）。社会的レベルにおいても、愛の共同体である「家族」は人倫（Sittlichkeit）の疎外態としての「市民社会」を経過（疎外からの「回復」のプロセス）して、倫理の実現した「真の共同体」である「国家」に至ると説かれる。（『法の哲学』）

要するに、ヘーゲルの疎外論の要諦は意識が対象として見出す定在が意識自身の活動によって生成したもの、意識の疎外態にほかならないことを確認し、そのことにおいてその階梯での主＝客の対立を、疎外を媒介として揚棄することにかかっているといえよう。たしかに、この論理構制は壮大であり、普遍性をもっているが、一方で思弁に陥っているという批判も免れない。つまり、彼は個別から出発して普遍への展開を説こうと努めながら、アポリアに至ると、個別はもともと普遍を内包していたというトートロジーに陥るのである。この難点の打開のためには、主体概念の捉え返しを行いつつ、ヘーゲル疎外論の発展的な継承が必要になる。

4　ヘーゲル左派

この任務を引き受けたのはヘーゲル左派であった。その一番手シュトラウス（Strauß, D）は、ヘーゲル哲学を一層推し進め、万人は神の受肉体であること、この受肉した存在以外に神なるものはありえないと主張した。これを受けて、やがて主語と述語とを完全に逆転させて神とは人間の本質であることを見抜いたのはフォイエルバッハであった。彼はヘーゲルの精神に感性的・自然的人間を対置する。この人間観のもとに、神とは人間自身の理念化したものであるのに、人間がその神を崇めて跪いていると説く（『キリスト教の本質』）。「主」であるべき人間が自ら創り出したもの＝対象化したもの（神）が、逆に「主」となって人間が従属しているという構図、これが宗教における「人間の疎外」である。しかし、この場合、疎外が宗教（意識）の領域にとどまるかぎり、主体であるべき人間が疎外の構造（秘密）を自覚することによって疎外の回復は可能となる。しかし、ヘーゲル左派の思想的大枠をいえば、たんにフォイエルバッハ流の宗教批判だけでなく、この疎外の論理構制を政治・経済・社会の場面にも拡大していたのである。因みにヘス（Hess. M）はキリスト教において人間が神に外在化することから類推して、人間が貨幣に外在化すること自体を人間の疎外と据えた。ただし、彼は人間の疎外を生産におけるよりも流通において捉えたために疎外の論理はあっても疎外からの回復の論理はみられないのである。その場面を積極的に推し進めたのはマルクスであった。なお、ヘーゲル左派の殿将ともいうべきシュティルナー（Stirner. M）に至ると、神・国家・社会のみならず、フォイエルバッハのいう、主体としての〈類的人間〉もまた、真正なる実在的個体の疎外態であると捉えられることになる。

5　マルクス

宗教（意識）における人間の自己疎外の論理構制を政治・社会批判に移して、つまり旧来の社会体制に対する社会主義的批判を疎外論と結合させようと志向したのは、ヘーゲル左派の一員である初期のマルクスであった。彼の社会観は、まずヘーゲルの市民社会・国家論を継承することから出発した。その後、フォイエルバッハの唯物論及び宗教批判の方法に学び、国家は人間の共同性の疎外態であることを喝破し、市民社会こそ人間が現実に生きる社会であることを洞察する。歴史は人間の対自然の協働関係＝労働によって生成されること、しかし市民社会においてはその労働が疎外され、人間の完全な喪失が一般化している事態を次のように論ずる。

マルクスによれば、人間はまずなによりも自然存在として捉えられる。すなわち、人間は一方で自然の秩序に属すると同時に、他の自然存在と異なり目的意識的に自然に働きかけ、自然を改変する（労働する）。その過程において人間は同時に自己の内なる自然をも変革し、諸能力を発展させていく。マルクスの人間観は、神の被創造物としての精神的存在でもなく、まさに「人間的自然存在」なのである。これがマルクスにおける人間、自然、労働の本来的な在り方である。

ところで、現実の社会での人間の有り様はどのようになっているのか。マルクスは「疎外された労働」（『経済学・哲学草稿』）において人間の現存を自らの疎外論を集約しつつ展開する。

（1）**労働生産物からの疎外**　私的所有を前提とする社会では、労働者がつくった生産物は労働者に属さない。彼は労働生産物をつくればつくるほど、自らより安価な商品と化し、ますます窮乏化せざるをえない。

（2）**労働からの疎外**　労働生産物が他人の所有物になると同時に労働者の生命発現としての活動も外的な強制的労働となり、彼はそこで不幸を感じる。すなわち労働者は自己を喪失する。

（3）**類的存在からの疎外**　人間は個体的な存在でありながら普遍を意識する。すなわち人間は類的存在なのであるが、この類的存在としての人間活動が疎外されているために、類的活動は個人生活の手段とされる。

（4）**人間からの疎外**　これは以上三つの疎外の帰結として説かれる。労働者の自己疎外の事実はこの社会のあらゆる関係を規定し、資本家でさえもこの関係から逃れることはできないのである。

ところで、マルクスは『ドイツ・イデオロギー』（一八四五～四七年）以降、ヘーゲル左派の疎外論からの転換を図ったという説がある（廣松渉、後論参照）。この説によれば、疎外論はある本質（あるべき人間）を想定しそこからの逸脱を説くという構制であるが、そうした考え方は物象化された観念であって、現前に存在するものは個々の人間が分業という形態で互いに協働しあう関係の連関態でしかない。あるべき本質とはその人間の協働関係が反照され、物象化されたものにすぎないのだと説かれる。事実マルクスの中・後期の著作には「疎外」という語は少なくともキー概念・述語としては用いられていない。初期マルクスの実体概念としての「疎外」論から中・後期の関係概念としての「物象化」論への転換説が提唱される所以である。たしかに、後期のマルクスが貨幣や私有財産を〈疎外〉論的発想で論じたり、共産主義の理念の本質の奪回という論理で説いたりはしなくなったが、しかし、その事実ははたしてマルクスが疎外論的論理構制そのものを捨て去ったことを意味するのか否かについては、現在なお解釈が分かれるところである。（次節参照）

6　疎外論の推移

現代において疎外が脚光を浴びたのは一九二三年のルカーチ（Lukács, G）の『歴史と階級意識』が刊行されたとき、そして一九三二年に『経済学・哲学草稿』の公刊の際であった。後者の場合には、マルクーゼ（Marcuse, H）がマルクスの疎外論に着目してヘーゲルの労働論との関係に言及したことが注目される。その後、一方でスターリン時代が、他方でファシズム体制が続いたためもあって、疎外論研究は十分に進展したとはいえない。

大戦後に至っても、ソ連のマルクス研究や、その影響下のいわゆる「ロシア＝マルクス主義」の潮流のなかにあっては、疎外論研究は低迷をきわめた。ただし、ルカーチ、コルシュ（Korch, K）、あるいはフランクフルト学派に属するホルクハイマー（Horkheimer, M）、アドルノ（Adorno, T. W）ら、「西欧マルクス主義」と称される研究者の間ではマルクスの疎外論を重視する動きがみられた。ところが、一九五〇年代後半以降、スターリン批判を機縁として「ロシア＝マルクス主義」の権威の低下もあって、疎外論的研究は新しい段階を迎えるに至った。すなわち、疎外論の論理構制がマルクスの全思想においていかなる位置と意義を占めるのかという問題が中心に論じられるようになったのである。すでに一端を述べたように、疎外論は初期のマルクスの思想であって、後期の思想は一種の堕落であるという見解もあれば、疎外論は後期のマルクスにおいてはただちに乗り超えられた単なる過渡的なものにすぎないという説も、様々なヴァリアントを伴いつつも依然として後をたたない。この二つの論点をめぐっては、現在に至っても定説の確立をみていないというのが現状である。（後論参照）

7　疎外論の再興

ところで、近年ベルリンの壁に続いてソ連邦も崩壊し、マルクス主義の権威は一挙に瓦解したかのようにみえる。しかし、グローバルな環境問題、南北格差、民族紛争など世界各地で非人間化現象が拡がっている。支配・被支配の構造も階級一元論で説明できるほど単純ではなくなっているため、広い意味での疎外の問題の検討とその解決がいまこそ迫られていることは論をまたない。これに対応して、マルクス主義ではなく、現代社会学においても、社会心理、社会病理、産業労働などの分野で疎外概念が重要な意味をもち、それなりの蓄積もみられる。これらの蓄積がそれぞれの場面でどの程度に疎外からの回復に有効であるかは詳らかではない。現代社会の諸分野までに拡散した疎外の準拠点は、すでにみたようにヘーゲル、とりわけマルクスの思想とその疎外概念であった。昨今においてはそのマルクス主義文献においても〈疎外〉概念が複雑・多岐になっている一端もすでに考察したところである。したがって現代の疎外の概念を捉えるためには如上の複雑な状況を勘案しつつ、それぞれの思想的文脈に応じて含意を汲みとり概念化する知的営為が求められている。(初出「疎外」・『教育思想事典』勁草書房、二〇〇〇年)

二　疎外論と物象化論

まず、私なりに把握した疎外概念のアウトラインについては、前節に記したのでご参看いただきたい。

旧来の疎外論克服のためには、さしあたって二つのお互いに関連する課題が浮上する。一つは存在論的疎外論の再審であり、二つは、物象化論との関連である。

1　存在論的疎外論

存在論的疎外論とは、人間主体が外化し疎外されながら再び自己回復を遂げるという予定調和的な物語に帰結する疎外論である。今村仁司によれば、この物語はヘーゲルの『精神現象学』に始まり、サルトルの『弁証法的理性批判』で頂点に達するという(1)。

因みに、私の疎外論研究は、ヘーゲルからフォイエルバッハを経てマルクスへと至る思想史のなかに疎外の概念を検証し再構成したものである。たしかに、社会の否定的な事実や人間の苦悩の所在を指差する批判的疎外論を内実としている。しかし、ヘーゲルの「具体的普遍」の現実態としての「プロレタリアート」（マルクス）によって、究極に疎外が回復されるのだと主張した限りで「ハッピーエンド物語」に通ずる面があった。とりわけ、社会主義国家の崩壊以降、この点の再検討を痛感している。小論もそのための考察である。なお、本書第三章を参照のこと。

存在論的疎外論の問題点を敷衍し、超克の道について述べてみたい。

ヘーゲルの「具体的普遍」のプロレタリアートへの転成については初期マルクスのゲルマン共同体への関心があった。しかし、その後マルクスはヘーゲルの歴史哲学構成に学び唯物史観を練り上げてゆく。つまり、自由の理念と展開というヘーゲル的解釈による歴史観をマルクスは階級闘争による社会主義社会、コミュニズムの実現こそが歴史の意味であると置き換えたのであった。要するに人間活動の目的はこのコミュニズムの実現であるという主張である。哲学はこの歴史の意味を明らかにし、かつ彫琢し、哲学を身につけた知識人が労働者大衆に歴史的意味を教えるのだと説かれる。労働者大衆は、この歴史的使命に目覚めてひたすらコミュニズムの道を辿ればよいのだとされたのである。単純化していえば、歴史の意味、目的は既に確定されていて、人間の実践はそれに向かって進むだけでよいのだ。それは、それ自体では意味をもたない、目的のための手段に過ぎないとみなされたのである。その結果、その目的を自覚した少数〝知識人〟が未だ無自覚な多数の大衆を啓発し目的を教化するという定式が一般化する。その〝知識人〟とはヘーゲルにおいては普遍的身分としての官僚であり、マルクスにおいてはプロレタリアート、レーニンにおいては党、つまり党官僚となった。そこに決定的に欠如しているのは、差異による個々人が相互に議論しつつ共同性を拡げ、そうした営為によって未来社会を創出しようとする大衆――普通の人々の自立性と主体性である。これは八九年のベルリンの壁の瓦解以来の社会主義の崩壊で明らかにされた教訓である。

もちろん、以上の総括がスムーズになされたわけではないが学生時代以来の初期マルクスへの関心と研究蓄積が大いに役立ったことは幸いであった。ベルリンの壁の崩壊のショックはグラムシへのあらたなる関心へとつながっていった。グラムシの思想については、拙著『現代に生きるグラムシ・市民的ヘゲモニーの思想と現実』(大月書店、二〇〇七年、以下『グラムシ』と略記)第Ⅲ部に記したのでここではマルクスとの違いに限定して述べてみよう。

ヘゲモニー、市民社会をキーワードに新しい時代における疎外回復の方法を構想・提示したのはグラムシであった。彼もマルクス、レーニンを継承し、一時は、工場における労働者権力の確立――労働者の自治と主体性の回復――を目指した(「工場評議運動」)。その挫折の経験から生産点だけでなく、生活圏をも含む広範な市民社会全域の「ヘゲモニー」による新しい社会形成を構想したのであった。

しかし、それはマルクスが「歴史的必然」とみなしたコミュニズム社会をプロレタリアートの独裁によって実現しようという構想ではなかった。そうではなくて、市民社会をベースにしてその存立要件の拡充・深化によって、市民相互の討議(知識人と大衆の相互交流によって、全ての人が知識人になること)によって、その過程で歴史の意味が明らかになり、それに基づいて歴史が創り出されると考えられた。彼の「実践の哲学」の立場からいえば、少数の知的エリートによって未来社会が予めプラン化され大衆に提示されるとは考えられないのである。人間の実践・行動は目的遂行のための手段ではなく、それ自体が有意味とグラムシは考えた。

彼もまた、マルクスと同じく、人間の本質が国家に疎外されていると考える。つまり、新しい社会を構想し、それを創り出し、運営していく能力など、人間の本質部分が国家に奪われていることをヘーゲル、マルクスから学んだ。しかしこの疎外の回復を、国家の官僚による救済（ヘーゲル）やプロレタリアートの自己解放（マルクス）に求めなかった。そうではなくて、市民・大衆によるヘゲモニーの拡大・深化に求めた。彼は、これを「国家の市民社会への再吸収」と定式化する。これは前述のように、国家に疎外されている人間の本質を再び市民社会に奪いかえす不断の努力の意味である。支配・被支配のせめぎあいによって構成されている現存の可視・不可視の「秩序」を、自由に基づく「新しい秩序」に組みかえる日常の実践である。このためには全ての人が知識人にならなければならないとグラムシは説く。それは、より意識の高い人々とそうではない人々との絶えざる知的・感性的交流によって遂行されるとグラムシは主張する。「ヘゲモニーは全て教育的関係である」というグラムシの章句はこの辺の事情をよく表している。

以上にみられるように、ヘーゲルの「具体的普遍」の現実体（具現体）としてのプロレタリアートの自己解放によって疎外が回復されるというマルクスの主張、それに基づく「至福千年を夢みる」存在論的疎外論の限界はグラムシの思想によって超克される道が開かれたのだ。予めこのことを確かめておきたい。

なお、疎外論研究については、内田義彦の研究（とくに、同氏の『資本論の世界』〈岩波新書、一九六六年〉は注目される。はじめに、参照）を無視することはできない。氏の疎外論解釈の功績は人間の自己疎外という平板な主張をのりこえて、社会全体の動学過程のなかに疎外の現実態を了解しようとしたことである。（この点の考察については拙著『グラムシ』「序章」「動態的疎外論への前哨」も参照されたい）

2　疎外論と物象化論

次に、物象化論について検討しよう。廣松渉がマルクスの再解（改）釈によって疎外論の根底的批判を志向したことはよく知られている。周知のようにその視軸が物象化論であった。氏の物象化論の要目の理解のためには、さしあたり廣松渉『物象化論の構図』（岩波書店、二〇〇一年）がハンディで便利である。

廣松は『ドイツ・イデオロギー』の厳密な原典クリティークと、「フォイエルバッハ・テーゼ」に基づきマルクスの関係主義の立場を徹底化させ、物象化論によって近代超出の論理《パラダイム》を提起した。注目すべきは、この新しいパラダイムが後期のマルクス、何より主著『資本論』にまで貫徹するのだと氏が説くことである。その該当箇所は次の通りである。

「商品形態の秘密はただたんに次のうちにある。すなわち、人間にたいして、商品形態は、人間自身の労働の社会的性格を、労働生産物そのものの対象的性格として、これらの物の社会的属性として反映させ、したがって、総労働にたいする生産者たちの社会的関係をも、彼らの外にある諸対象の社会的関係として反映されるということのうちにある」[2]

廣松によれば価値成立に関わるこの物象化的錯視は、特殊経済的現象だけでなく、あらゆる文化的、社会的事情にも妥当するものだという。私がその教育面の事象を解明したいと念ずる所以である。後論のために氏による物象化の定義の一例を以下に引用しておく。

「人びとの間主体的関与活動の或る総体的な連関態が、当事者的日常意識には（そして、またシステム内在的な準位にとどまっているかぎりでの体制内的〝学知〟にとっても）、あたかも物どうしの関係ないしは物の性質ひいては物的対象性であるかのように映現するということ」「このフュア・ウンスな事態、それがマルクスの謂う『物象化』なのである」[3]

私なりに言えば、学知的には（für uns）には一定の関係内でしか生じる筈のないものが、その関係から離れて自存的に存在しいているかのように普通人には（für es）映る事象、ということになろう。

（1）、山之内靖は、こうした廣松物象化論をフォイエルバッハ研究を主軸としながらつとに批判を展開してきたことでよく知られる。同氏はかって、私宛の書簡で、「二〇世紀後半は、物象化論が盛行したが、二一世紀は疎外論の時代である……とりわけ、マルクスの『経哲草稿』の精読を！」と熱っぽく述べたことがある。そうした提起を受けて私は氏の旧著の再読を試みざるをえなかった。その中から、重要と思われる章句を抽き出してみよう。

「疎外論とは、理性・悟性のレヴェルにおいてすでに内在していたところの、理性・悟性と自然的感性の両モメントの分裂が顕在化し、キリスト教という合理化された宗教体系（＝価値・規範的拘束性）において、前者のモメントが後者のモメントに対立する疎外態として現出する脈略を指していた」[4]。なお、この文脈で山之内はフォイエルバッハの主要概念、「『受苦』的存在」（後述）にこだわりつつ次のように解説する。「決して単純素朴な、生のままの自然感性を現すものではない。それは外的自然や他者としての社会集団を、工学的・技術的論理性に従って効率的かつ合理的に再編してゆこうとする道具主義的理性を拒否し、理性自体が、人間存在の部分性・制限性という場の中で作動すべきことを、自ら宣言する立場であった……それは、端的にいえば、物理的生産能力の発展の彼方に『自由の王国』が現れるとするたぐいの啓蒙主義的妄想（マルクス『三位一体範式』『資本論』第三巻）が現れるであろうことを予想し、これに対してあらかじめ警告を与えるものであった」[5]

以上に見られるような、フォイエルバッハの「疎外論」宣揚の立場から、山之内は廣松の物象化論を批判するのである。詳しくは後論を参照していただくことにして、ここでは結論部分の引用にとどめたい。

「氏（廣松――引用者）の変革論＝未来社会論は、フォイエルバッハの『受苦的存在』と比ぶべき精神的変革に言及することのないまま、いささか安易に『必然の王国』から『自由の王国』へという、いかがわしい論点と結びついてしまう」[6]

要するに、廣松の物象化論には現代の疎外をのり超える契機があるのか、という反論である（後論を参照されたいが、山之内の批判は物象化論自体の批判ではなく、廣松が初期マルクスと後期マルクスを切断したことである）。私なりにいいかえれば、フォイエルバッハの「受苦」（的存在）の概念を軽視したために、物象化論は存在論的疎外論（前出）に通底する論理に陥っているのだ、というのが山之内の批判の眼目である。念のために後論も援用して山之内の廣松批判を要約しよう。廣松は後期マルクスを宣揚し、物理的生産力の発展によって「自由の王国」が出現し、それによって人間疎外が解消されると説く。しかし、生産力の発展は自然環境を破壊し、それに根ざす文化的アイデンティティを喪わせている。つまり、後期マルクスにはエコロジーについての配慮がない。それに気づかせ回復させるためには初期マルクスにみられたフォイエルバッハへの共感に基づく「受苦」のまなざしが必要なのだ。

山之内の現代的疎外の論及については後論を是非参照していただきたいが、廣松の主張する「物象化」された世界の展開（パラダイムチェンジ＝物象化の克服）については如上の限り山之内の批判に私は妥当性があるように思える。だが周知のように廣松は、主著『存在と意味』を完結することなくこの世を去った。おそらく未完のプロジェクト『存在と意味』の第三巻において如上の論点を深めることを意図されていたのであろう。いまはそれを確かめる術はない。生前多大な学恩を受けた者の一人としてその課題を今後も引き継ぐべきと考えている。

（2）、花崎皋平も廣松物象化論を批判する。しかし、それは山之内とは違って論理的批判である。物象化論については概要を述べたがそれを前提にして廣松物象化論の特色を簡潔にみておこう。

六〇年代末から七〇年代にかけて「物象化論」によって日本のマルクス主義論壇を風靡《ふうび》したのは廣松渉であった。それは、ルカーチがいうような疎外＝物象化論とは根本的に異なる。疎外論の地平を超出するものとしての物象化論が廣松の特色である。さらにいえば、物象化論によって、近代的認識論の地平をのり超えようとする志向である。廣松の説を要約すれば、「主体」の二重性（二肢性）と「客体」の二重性（二肢性）、合わせて二重の二肢的連関構造が要石になっている。つまり、「私」はつねにすでに誰かとしての「私」であり、「ある物」は何かとしての「物」である。こうして、世界は四つの連関（四肢的構造）なのである。ところが、近代認識論はこの連関から一極のみをとり上げて図式化するために近代をのり超えることはできないのだ。この構想は、廣松の初期の論考「マルクス主義認識論のために」（『マルクス主義の地平』勁草書房、一九六九年）のなかで提起され、その後、『世界の共同主観的存在構造』『事的世界観への前哨』（いずれも、勁草書房、一九七三年）において体系化された。

ところで、廣松の如上のような意想は、もちろん氏の独創によるが、もともとマルクスの思想に基づいている。前述したがそれは、「フォイエルバッハテーゼ」『ドイツ・イデオロギー』を経て、『資本論』で完成されると廣松は説く。（この点は、山之内が批判するところであることもすでに考察した）

①社会性の「囚人」

この物象化論を山之内とは異なる視界から批判したのは花崎皋平である。花崎は、疎外派でも物象化派でもない立場からマルクスを論じた哲学者であるが、それを主著『マルクスにおける科学と哲学』（社会思想社、一九八七年とくに、第2章三「共同主観的協働と歴史的世界――広松渉『マルクス主義の地平』――」。以下の引用後のカッコ内に本書のページを付す。）によってみよう。

認識論的には、花崎は廣松と同様に疎外論に批判的である。「広松氏は、力学主義的・機械論的唯物論を『科学主義の典型的な一形態』とし、ヘーゲル、ヘーゲル左派の立場を『人間主義』の一典型として、両者の対立と相互補完の地平がマルクス主義によってのりこえられたものとして、そののりこえの地点を、『ドイツ・イデオロギー』と『フォイエルバッハテーゼ』に求めている。そのこと自体には異論はない」(一八四頁)と花崎はいう。

しかし、花崎は廣松の「共同主観性」に異議を唱える。つまり、廣松は——と花崎は次のようにいう——「共同主観的協働を媒介としてフェノメナルにひらける世界を、主体—客体の二項関係においてではなく、役割と意味を加えた四項関係でとらえようという」(一八五頁)。これによって、「主体—客体の図式における実体性の関係が解体、止揚され、歴史性、社会性、共同主観性として関数的関係へとうつされる」(一八五頁)のだ。

廣松はこの共同主観を基軸にして世界の「存在構造」を捉える。そして、「マルクスが『すべての社会生活は本質的に実践的である』というときのポイエーシス=プラクシスは、『本源的に共同主体的な協働…である』」(一八八頁)と廣松がいいきることに花崎は注目する。つまり、ここからすると諸個人は、この「共同主体的協働へ参加することにおいて、規定された役割をになう」「項」となる。

このような廣松の「社会性の囚人」(コシーク)のような「人格」の把握に対して花崎は次のように批判する。「人間的諸個人は、所与としての歴史的に特定的=現実的な連関の『一定の機能のにない手』であると同時に、その連関に否定的に対処しうる潜勢力のにない手であるという具体的統一」(一八九頁、傍線引用者)である。すなわち、「否定性としての潜勢力を含まない、たんなる機能連関の関数的項であることは、『人格』の現実態ではなくて、その物象化の側面の固定化であり、人間的個体を非神秘化しつつ神秘化する。つまり、共同主観的『われわれ』を物神化しつつ、諸個人を匿名性へと埋没させるかたむきをもつ」(一八九頁)

以上が廣松の共同主観性から導き出される「個人」「人格」概念についての花崎の批判の要点である。

②生きた労働、対象化された労働

次に、花崎は、廣松の「実践」についても批判する。端的にいえば、「実践の弁証法が語られない」（一九〇頁）ということである。つまり、「『要綱』などにおいて、生きた労働と対象化された労働という二項対立の追求をへて、労働力能、労働力の概念が次第に彫琢され、それをまって価値論の全構成がさだまってくるさいのマルクスの思索と発想」が視野から落されているからである（一九二頁）。いいかえれば、構成された構造を客観的に分析するのではなく、その構造の発生をえぐり出し、解体をめざすことが重要であると花崎は主張する。

以上に廣松物象化論の花崎による批判の要点をみたが、すでに先にも触れたように、物象化論には、それをのり超える論理が欠如しているという私の批判を花崎は、「生きた労働」と「対象化された労働」の二項対立の追求を経る、「労働力能」に着目することによって解決が可能になる方向を示唆した。しかし、「書評」というスタイルのためもあって花崎の批判は体系的とはいえず「プログラム的」である。

しかしながら、花崎の廣松物象化論に対する批判は山之内にはみられない物象化の論理に内在した批判でありより説得力があると考える。

三　疎外論の展開

1　受苦者のまなざし

山之内は大著『受苦者のまなざし　初期マルクス再興』（青土社、二〇〇四年）を公刊した。本書は一九七六年から七八年にかけて「初期マルクスの市民社会像」というテーマで『現代思想』に連載された論文（第一章から第三章）に、二十余年の中断を経て書き下ろされた新稿（第四章および「結び」、序章）を加えて一書にしたものである。本文四七〇頁のうち三一二頁分、三分の二を占めるのは一九七〇年代のマルクス研究（以下、旧稿）であり、それを二〇〇四年の新稿が前後に挟み込んでいる。

旧稿は、一九六〇年代以降の研究蓄積を検討しながら『経済学・哲学草稿』を再読しようという試みであり、その時点で初期マルクス研究の総括を目指したものであった。この旧稿は当時としては最も包括的な草稿研究であり、多くの教示を与えられた。本書によって山之内の問題意識をみよう。（引用後のカッコ内に本書の頁を記す。）それを通して現代的疎外論の検討を試みたい。

山之内は次のように告白する。「レーヴィットからマルクスの背後にある『疎外』というテーマ、ヴェーバーの背後にある『合理化』と『脱魔術化』というテーマを継承してきた私からすると、一九六〇年代以降のマルクス研究が示したなりゆきは、まったく意に沿わないものであり続けた。アルチュセールや廣松渉によって主導されたマルクス解釈は、私の心を動かすものを何ももってはいなかった」（一一頁）。さらに、山之内の告白を続けよう。「市民社会派系のマルクス主義についても、おおきな疑問を抱かずにはいられなかった。というのも、梅本克己（『唯物史観と現代』一九七四年、岩波新書）や平田清明（「『自由の王国』と『必然の王国』」『思想』一九七二年七月号）らが『経済学・哲学草稿』第三稿にみられる「受苦」（Leiden）について、これをマルクスは克服すべき課題として提示したのだ、と解釈していたからである……。これはまったくの誤読である。「受苦」の論点は当時のマルクスがフォイエルバッハから継承してきた感性論的唯物論の中心命題であり、決して克服すべきものではなかった。むしろ、資本主義的市場経済社会がもたらす疎外を脱却することができるとすれば、そうした未来社会における人間は対自然関係において、また、社会的相互関係において、この「受苦」を完成の本来あるべき次元として「回復」すべきなのだということ、これが『経済学・哲学草稿』第三草稿の論点であった。（一二頁、傍点引用者）

こうして、山之内は、市民社会派、アルチュセールとともに廣松渉の場合も「受苦」の論点の欠如のために、「初期マルクス」の放棄は誤りであったことを批判する。この点はすでに指摘したところである。いいかえれば、「労働者の解放」よりもラディカルな、「労働の廃絶」という意想は「後期マルクス」においても持続されたのであるが、本書（前掲山之内書）が全体を挙げて論証に努めたように、「初期マルクス」におけるフォイエルバッハ由来のこの主題は、「後期マルクスではその経済還元主義によってすっかり変質してしまったのである。」（一四頁）

2　初期マルクスと後期マルクスの切断

ところで、六〇年代中葉以降、マルクスを出発点として社会科学や歴史学の潮流におおきな変動が生じたが、その中心はアルチュセールであった、と山之内は述べる。その中心点は、後期マルクスの初期マルクスからの切り離しと純化である。同じ時期に日本では、廣松渉が登場し、マルクスの「フォイエルバッハに関するテーゼ」(一八四五年)にみえる「社会的諸関係の総体」の発言をとらえて「後期マルクス」への移行を提唱した。さらに廣松は、『ドイツ・イデオロギー』(一八四六年)以前とそれ以降のマルクスを切断し、『経済学・哲学草稿』はマルクスにとっては習作以上のものではないと断じた。(以上、一九〜二十頁参照)。アルチュセールや廣松の「初期マルクス」の切り捨ては、論理性の体系の高度化というプラスの反面、歴史的現実からの乖離というマイナス面を伴ったことを山之内は批判する。いいかえれば、「近代において成立した科学の概念を歴史的に相対化する」(二五頁)ことの必要性の提言である。その歴史的課題とはなにか。山之内によれば、それは次のようである。

グローバリーゼーションの時代における「自然環境に根ざした社会関係、自然環境に根ざした文化的アイデンティティ」(四三頁)の喪失である。その一例として、山之内は不登校児やその親たちの「反管理の場」に注目する。つまり、山之内はそこに「受苦者の連帯」の一環をみてとろうとする。この新たな空間は、意図せずして「管理社会を支える専門家の論理と役割への疑義」を生じさせ、ここから「地域コミュニティの新たな役割と可能性を模索する運動が展開してゆく」(四七頁)と山之内は指摘する。

『経済学・哲学草稿』第三草稿には「受苦的存在者」の「まなざし」がみられたのであるが、「後期マルクス」においては排除されてしまった。したがって、如上のような現代の課題にこたえるためには、初期マルクスへ還り、「受苦者のまなざし」の意義をそこにみてとり、「再興」しなければならないのだ。これが本書における山之内のライトモティーフである。たしかに、山之内が、不登校児やその親たちの「反管理の場」に「受苦者の連帯」の一端をみてとろうとするのは鋭く、共感を覚える。しかし植村が指摘するように、「受苦者のまなざし」を特権化する山之内が提起するのは世界像の転換であり、「近代科学を超える第二次科学革命」（山之内書、三八頁）であって、「現実の生活諸関係」の具体的なあり方の問題ではない。（後掲植村論文）。生活諸関係のあり方を初期マルクスにのみ依拠して論ずる限り、「ともに悩み苦しむ存在だから一緒に連帯しましょうか。分かりあえるはずでしょう…」（植村論文）の域を超えることはできないのではないか。

3　フォイエルバッハ再考

本書で山之内が頻用する「受苦（Leiden）」ないし「受苦的（leidend）」とはどのようなものか。山之内は次のフォイエルバッハの文章を引用して説明する。

「困窮に悩む（notleidend）存在だけが、必然的な（notwendig）生存である。欲求のない生存（bedürfnislose Existenz）は無意味な存在（überflüssige Exitenz）である。欲求一般のないものにはまた生存の欲求もない。……困窮のない存在は根拠のない存在である。悩むことのできるものだけが（Nur Was leiden Kann）存在に値する。……悩みのない存在（Ein Wesen ohne Leiden）は存在のない存在である。悩みのない存在は、感性のない・物質のない存在（Wesen ohne Sinnlichkeit, ohne Materie）にほかならない」（「哲学改革のための暫定的命題」岩波文庫、『将来の哲学の根本命題』所収、一一〇頁、Vorläufige Thesen zur Reformation der Philosophie, 1842, Ludwig Feuerbach, Gesammerte Werke, Bd. 9, 1970 Berlin, S. 253）。

この文章のなかに、フォイエルバッハの人間観の本質がもっともよく示されていると山之内は述べる。だが、フォイエルバッハ批判時点のマルクスにすれば、如上の人間観はいかにも抽象的であるように思えた。マルクスの研究者の多くはこの点（フォイエルバッハの人間観の抽象性）を批判したのは周知のところである。こうした見解にたいして山之内は次のように反論する。「フォイエルバッハによって捉えられた人間の完全さとそれへの賛美は（「抽象的」の別表現と捉えてもよい——黒沢）、あくまでも人間を人類全体の立場において『類』として捉えた場合に限定されているのであって、このことは十分に銘記されるべき事実なのである」「有限で受苦的な個人としての人間が、個としての立場においてそのまま類と同一化することはあり得ないし、また絶対にできはしないという事実を、積極的かつ肯定的に受苦する立場、それがフォイエルバッハの基本的な立脚点だということなのである」（一八〇〜一八一頁）。さらに山之内のフォイエルバッハ論を続ける。

「フォイエルバッハの出発点はあくまでも感性的存在として現存している個々の経験的諸個人である。…このような感性的存在だけが現実的（wirklich）である。…フォイエルバッハが理解する現実性は、感性的な経験的存在としての諸個人や自然を特殊性あるいは現象として捉え、普遍的で理念的な本質（＝絶対精神）のうちに包摂され、これと一体化されたもののみを現実性（Wirklichkeit）と呼ぶヘーゲルの場合とは、まったく対立的であった」（一八二頁）。したがって、フォイエルバッハにあっては、「人間的本質としての『類』が先にあって個がその一部として理解されるのではない…有限なものに出発しながら、それが有限な、限界をもった存在であるが故に結び合わなければならない社会的関係を通して、初めて全体的なものが理解されるということ」（一八三頁）。これがフォイエルバッハの原理的立場なのだと山之内は強調する。

このように考えれば、『経哲草稿』の「ヘーゲル弁証法と哲学一般との批判」は、フォイエルバッハを念頭において、「対象的な感性的存在としての人間は、一つの受苦的（leidend）な存在であり、自分の苦悩（leiden）を感受する存在である」とのべ、人間もまた「動物や植物がそうであるように、一つの受苦している（leidend）、制約をうけ制約されている本質である」（『経済学・哲学草稿』岩波文庫、二〇六頁、二〇八頁）と指摘したのは重要である。ここから山之内は、マルクスの立場を次のように解説する。

4 「進化主義」への転換

「マルクスはここでフォイエルバッハの唯物論が内包する経験論的で自然主義的な側面をはっきり受け入れていたのである。しかし、この経験論と自然主義が必然的に内包する受動的で非実践的な側面に気づいていたマルクスは、人間のもつ主体的で能動的な側面を方法的に基礎づける必要にも迫られることとなったのであり、ここにヘーゲル『精神現象学』の再吟味が開始されることとなる。フォイエルバッハという対極的な存在にいったん深く内在することを通して初めて、ヘーゲルが内包する主体的能動性を真に評価しうるようになるという、初期マルクスにおける逆説的な思考」（一八三頁）に山之内は留意を促す。ここで結論をいえば、『経哲草稿』時代のマルクスは、フォイエルバッハの「受苦的」人間観への共感を示しながら、ついには、「進化主義的信念」「近代産業のもたらす産業技術の行方になみなみならぬ可能性」（四一六頁）への信仰のために、フォイエルバッハの「受苦」の思想を第三草稿を転機として次第に捨てるのである。この進化主義的信念を支えたものは、ヘーゲルの『歴史哲学講義』であり、方法として援用されたものはヘーゲル弁証法であった。（三一六頁、四一六頁）

以上のマルクスの思想の変遷を、多くのマルクス解釈者たちは、初期から後期へのマルクスの「発展」とみる。つまり、「フォイエルバッハに関するテーゼ」、またこれを出発点として書き上げられた『ドイツ・イデオロギー』（一八四六年）によってマルクスは本来のマルクスになったのだと主張したのである。ヨーロッパにおけるアルチュセール、日本における廣松渉はその代表的論客である。（四五四頁）

すでに指摘したように、山之内の廣松批判は、その物象化論の論理的批判ではなく、その基盤になっている思想——生産力主義、進化主義に対する批判である。私なりにいえば、廣松が構想する物象化論では新しい現代の疎外——「経済資源のみならず文化（あるいはアイデンティティ）や美学、教育、メディア、さらには学問研究にまでおよぶあらゆる社会的諸資源を国家目的達成のために動員する総動員体制」（四五〇頁）——に対しては全く無力であるという批判である。私が汲みとった山之内の廣松批判は以上のように要約できる。しかし、ここで確認したいのは、先述したように、山之内の批判は現代の疎外（総動員体制）に対する思想の批判である。それに基づいて現実の生活の諸関係の変革については生産力の発展を無視することはできないのである。この点について次の章句を引用しておこう。「問題は人間中心主義（山之内の批判する廣松論——黒沢）対生態系中心主義（山之内の論理——黒沢）という対立ではない。実際こうした二元論は、生物圏の内部における人間存在の現実的な常に変化しつつある物質的諸条件を理解する上で、全く役に立たない。問題は共進化なのである。（ジョン・バラミー・フォスター。渡辺景子訳『マルクスのエコロジー』こぶし書房、二〇〇四年、三〇頁）
なお、植村の教示によって山之内の問題意識を記しておこう。「マルクスの思想形成におけるヘスとエンゲルスの先行的役割を評価する廣松渉の議論を批判し、他方に、人間を『有限な受苦的存在』としてとらえるフォイエルバッハの『自然主義』のマルクスへの影響を強調することにあったが、第一草稿の『疎外された労働』論を検討し終えたところで、連載は突然中断された。」（植村邦彦「〈研究動向〉唯物論と自然主義をめぐって［二〇〇四年のマルクス］」、「社会思想史研究会」No29、二〇〇五。中断の主要な理由は、研究の重点をウェーバー研究に移したことであると山之内は述べる。山之内前掲書、一三頁）

四　疎外論における初期・後期マルクスの統合
――「受苦的」「情熱的」人間の再審を視軸にして――

「人間はこの世において、疎外され「受苦的」な存在である。だが同時にこの疎外を意識化し、それを超えようとする「情熱的」な存在でもある。私はマルクスから学んで、人間観、疎外論をこのように捉えてきた。この視点から以上に試みた「疎外論の再審」を参考にして小論の総括を行いたい。

私は、たしかに「疎外されること」と「受苦的」とを同じ内容として捉え、この「受苦」「疎外」からの回復のエネルギーを「情熱的」と捉えた[7]。こうした私の理解には『資本論』の「窮乏化」理論が前提されている。周知のように、資本主義的蓄積は一方で必然的に労働者に「窮乏」（疎外）をもたらすのであるが、それ（受苦）に労働者は受動的に甘んじているわけではない。それに対して反抗しそれを超えようとする、意欲をもつ存在、つまりその意味で「情熱的」でもあるのだ。向坂逸郎が理論的指導者として情熱をもってとり組んだ三井三池の大闘争は以上のマルクスの人間観の実証である（『原理論』五一～六〇頁参照）。ただし、これは『資本論』のつまり、後期マルクスの人間、疎外観である。

しかし、初期マルクス、とくに『経哲草稿』ではどうであろうか。「受苦的」「情熱的」という言葉が対句のようにでてくるのは『経哲草稿』である。そこにはこうある。「対象的な感性的な存在としての人間は、一つの受苦的[leidend]な存在である、自分の苦悩[Leiden]を感受する存在であるから、一つの情熱的[leidenschaftlich]な存在である」（岩波文庫、二〇八頁）。ここで、「受苦」とは、「感性的」であることであり、「自分の外部に感性的な諸対象をもつこと、自分の感性の諸対象をもつこと」（同）と同義である。そして、「情熱的」とはこの「対象に向かうエネルギッシュに努力をかたむける」（同）ことである。いいかえれば、「人間は――とマルクスは以下のように述べる――直接的には自然存在である。自然存在として、しかも生きている自然存在として人間は一方では自然的な諸力を、生命諸力をそなえており、一つの活動的な自然存在である。これらの力は、人間のなかに諸々の素質、能力として、衝動として実在している。他方では、人間は自然的な肉体的な感性的な対象的な本質として、動物や植物がそうであるように、一つの受苦している[leidend]、制約をうけ制限されている本質である。すなわち、人間の衝動の諸対象は、彼の外部に、彼から独立している諸対象として実在している。にもかかわらず、これらの対象は、人間の欲求の対象であって、彼の本質諸力が活動し自己を確証するためには欠くことのできない本質的な諸対象である」（一〇六頁）。要約すれば人間は自己充足的存在ではない。つまり「受苦的存在」であるから、外部の対象（自然）に向い、それを獲得し享受しなければ生存することができない。

ところで、この対象を獲得し享受する行為は労働である。マルクスは、ヘーゲルの「外化」を援用して労働を、「人間の本質として、自己を確証しつつある人間の本質」（二〇〇頁）として捉える。すなわち、「人間が外化の内部で、つまり外化された人間として、対自的になること[fürsichwenden]である」（同）。しかし、「疎外された労働」については小論の一節で概述したが、ここにおいては、労働の実現は、「労働者の現実性剝奪」（八七頁）として現われる。彼の労働は、「ある欲求の満足ではなく、労働以外のところで諸欲求を満足させるための手段であるにすぎない」（九二頁）。ここで留意を促したいのは「受苦」は対象に向うことではなく、対象化すること自体に変移していることである。ここでは「受苦」という意味が変わるのだ。フォイエルバッハが述べた意味のうえに「疎外された労働」がもたらす苦しみが新たに加わるのだ。しかし、フォイエルバッハ的意味の「受苦」がここでは決して解消したわけではなく、それが保存されながら新しい内容（の受苦）が加わるのだ。前述した山之内の、初期マルクスを切り捨て後期マルクスを宣揚するマルクス系研究者に対する批判は、この（受苦の）「保存」の面を軽視、無視した点にある。また「情熱的」も、対象に向い、欲求を充たし、享受することだけでなく、「受苦」を排除すること、つまり「疎外された労働」の回復へ向う意味も加わるのである。ただし、この面の考察は後期マルクスの『資本論』の労働過程論をまたねばならない。つまり、人間の自己疎外という初期マルクスの平板な主張は、社会体の動学過程のなかに疎外の構造が明らかにされる、後期マルクスをまたねばならない。この分析をベースに労働者の反抗の意味を動体的に解明しようとしたのが前出の「窮乏化」理論である。ここでは、「受苦」「情熱」の意味が敷衍される。しかし、くりかえすがフォイエルバッハ的「受苦」の意味が解消されたのではない。保存されながら、一層展開したのである。いいかえれば、初期マルクスと後期マルクスの結合である。私の「受苦的」「情熱的」という人間、疎外観はこのような意味において、初期・後期マルクスが統一されているのである。したがって、疎外からの回復も統一された人間の実践によらねばならないのである。

おわりに

これまで私は様々なテーマに関心を持ったが、中心に位置していたのは「疎外」の問題である。このたび、この私にとっての中心的テーマを改めて捉えかえしたいと念じこれまでの拙稿を組み入れたり、新しい稿を加筆して再構成してみたのが小論である。その直接の契機は、註(7)に記したが、拙著(『原理論』)に対する木畑の書評である。それは、私の疎外論のベースになっている、「受苦的」「情熱的」という初期マルクスの章句の解釈についてである。木畑は、フォイエルバッハの「疎外」論によって私の疎外の解釈に異議を唱えた。フォイエルバッハによる限り木畑の批判は正鵠を射ていると思う。しかし、マルクスのフォイエルバッハ批判を勘案してみると果たしてどうかと思い至った。

詳しくは本文を参照ねがいたいが、木畑の批判にこたえるプロセスで私はこれまでの私の疎外論のベースを改めて再考する必要に迫られた。要点は、初期マルクスと後期マルクスの疎外論をどのように統一するかという問題に行きつく。このテーマは私が「疎外」に最初に目を開かれた高島教授の講義にまでさかのぼることに気がついた。小論で検討したとおり、多くの先学によってこのテーマは論ぜられたが、最も論理の射程が長いのは、今村が見抜いたようにそれらのなかで内田義彦の考察である。結論をいえば、内田が『資本論の世界』で論じた疎外論が、その後の多くの論者の論点をほぼ全て包括しているというのが小論の帰結である。疎外論の超克を志向していた廣松物象化論さえも内田の論理に包摂されるということに気がついた。不充分ながら、それは本文で論じたとおりである。この点を改めて指摘したい。

しかし、この点をより精密に論証するためには以下の二つの点が一層明らかにされなければならないと考える。

一つは、『経済学批判要綱』の再検討である。これによって、「生きた労働」と「対象化された労働」の内的構造が明らかにされ、花崎が訣別した廣松物象化論における実践の弁証法の「欠如」が鮮明になり、そののり超えの構造的把握が可能になるだろう。

二つは、フォイエルバッハの「疎外論」をマルクスからのみ見るのでなく、フォイエルバッハの思想の内的発展において解明する必要である。この点についてはフォイエルバッハの会主宰者、柴田隆行の教示によって、同会の多くの論考に学ぶことができたことを感謝したい（第一章参照）。とりわけ、河上睦子の労作『フォイエルバッハと現代』（御茶の水書房、一九九七年）、同『宗教批判と身体論』（御茶の水書房、二〇〇八年）には大きな教示を与えられた。

残念ながら、小論においては、以上二つの課題を充分考察の対象にすることはできなかった。ここでは問題の指摘にとどめる。いずれ、二つの課題を究め稿を改めて、私の疎外論の彫琢に努めたいと念ずる。

註

（1）パッペンハイム著、粟田賢三訳『近代人の疎外』岩波書店、一九九五年「解説」。

（2）MEW（Marx Engels Werke）Bd23、S. 77.

（3）本文前掲『物象化論の構図』六六頁。

（4）山之内靖『社会科学の現在』未来社、一九八六年、二二七頁。

（5）同上、二一九〜二二〇頁。

（6）同上、二二八頁、傍点原文。

（7）木畑壽信は拙著『原理論』の書評をされた（書評「生成する批判的主体――《実践的唯物論》のために、黒沢惟昭『人間の疎外と市民社会のヘゲモニー――生涯学習原理論の研究』（本文で『原理論』と略記したのは本書である）を読む」、『アソシエ21、ニューズレター、二〇〇九年一月）。氏はそこで本文で論及した「受苦的」「情熱的」についての私の理解を批判された。批判の要点は、「受苦」を「疎外」と捉え、そこからの脱却（回復）のエネルギーを「情熱」と解したことである。氏は次のようにいう。「疎外されること」と「受苦的」とが等価され、さらに「疎外からの回復」と「情熱的」とが等価されていることである。これに対して氏は「この概念構成では人間は生きて存在することが出来ない」と批判し、その理由は次のようである。「この場合、『疎外からの回復とは、人間にとっては『受苦的』存在から『情熱的』存在への移行だから、『受苦的』存在を失い死ぬことだ。しかし、『受苦的』と『情熱的』とは社会的人間の現実的な感性的な自然的な諸力に関する人間学的な概念規定であるから、社会的人間の現実的な感性的な自然的諸力から、『受苦的』が失われることは、《本質的に》ありえない」。これは本文において論及したように、フォイエルバッハの「受苦」の考え方に学んだ初期マルクスの捉え方である。その限り、氏の批判は納得できる。問題はこの思考を前提にして、いかにして、「受苦」（疎外）を回復するかという方法である。このためにはどうしても後期マルクスの論理が不可欠である。つまり、私の立場は、疎外の回復のためには初期と後期マルクスを統合することが必要なのである。小論は氏の批判に触発されて書いたものである。直接書評に対して反論を試みたものではないので充分な反論にはなっていないが、氏の教示には多くの示唆を与えられたことを誌して御礼申し述べる。

第三章　社会主義の崩壊、その再生への道
――自分史のなかのマルクスとグラムシ

はじめに

今春（二〇一〇年）、一橋大学から社会学博士の学位を取得した。いまどき「学位」など珍しくなく、若い研究者の就職の必要要件といわれている。しかし、私にとっては感慨深いものがある。社会学部長として新入生の面接をされた高島善哉先生が「なぜこの学部を志望したのですか」と問われた時、「先生の下で社会科学を学びたい」。高揚してこう答えた私に微笑《ほほえ》みながら大きくうなずかれた先生の姿が今も浮かぶ。半世紀前、私の一橋大学の入学の時である。

先生の「社会科学概論」は毎回、一度も休まずに最前列で熱心に聴いた。やさしい内容ではなかったが当時のカレント・トピックスとユーモアを交えて諄々と諭す語り口の講義は魅力的だった。テキストには、版を重ねた先生の『社会科学入門』（岩波新書、初版一九五六年）が使われた。啓蒙的な入門書のスタイルをとりながら、「体制」「階級」「民族」の三つの柱を基本に据えて社会科学を語ると

いうユニークな書である。それは先生の出世作『経済社会学の根本問題』（日本評論社、一九四一年）の意想のコンパクトな展開であり、その意味で「先生の主著だ」と称える門下生もいる。

さらに執筆の背景には眼疾による留学の断念、それに起因する長いスランプがあった。そこからの脱却を先生は次のように述べている。

「私は学説に対する戦い、社会に対する戦い、階級に対する戦いから全く自分自身に対する戦いに転向しなければならなかった。しかし結局私は社会科学の道を歩む以外に生き方はないと考えた。私は社会科学者として唯物論の問題を考え続けてきたが、いま改めてそれを見直す機会を持ったようにも思った。唯物論は主体的なものでなければならない。私はそれで生きていくことができる。こういう感じを深くした」（上岡修『高島善哉　研究者への軌跡・孤独ではあるが孤立ではない』二〇一〇年、新評論、傍点引用者）。当時は知る由もなかったが、教壇から身を乗り出すように社会への関心を語った先生の気持にはこのような決意がこめられていたのだ。それが講義の魅力にもなっていたのだと思う。

先生のゼミナールのテキストは『資本論』だった。もちろん、テキストの読解に力を注がれたが、狭い経済学的テーマにこだわるというより、広い社会科学の視野から論点を解説された印象が強い。それがまた魅力だった。

大学祭でゼミナール主催のシンポジウムを行った。『資本論』の「窮乏化論」がテーマだった。講師として向坂逸郎氏を招いた。氏は『資本論』の翻訳者として、三池闘争の理論的指導者として当時超有名人だった。講演では三池の労働者の学習会にも触れ、『資本論』を大学の研究室で学ぶのもよいが、マルクスは労働者のために『資本論』を書いたのだ。「窮乏化」とはなんであるか。労働者はそれをどう捉え、学んでいるのかを知るために三池へ行くべきだ。氏はこう力説した。この奨めにしたがって、私はその後三池を訪れ、炭住（労働者の社宅）に泊まり学習会を見学した。炭鉱労働者が厳しい労働のあとに『資本論』を学び、それに基づいて社会科学的認識を深めることは新鮮な体験だった。大学院は東大へ進み教育学を学んだ。「教え」「学ぶ」ことの意味を究めたかったからである。期待した成果は大学院では挙がらなかった。そこで三池への往復を繰りかえした。大学院を修了して就職してからも、三池の学習活動の調査研究は三池炭鉱が閉鎖され、三池労組が解散して久しい今日までつづいている。多くのことを学んだが、「自分が助かりたかったら、他人を助けなければならない。このことを学習会で体得した」と述懐した労働者のことが忘れられない。ここに、教育の本質がある。大学院では学べなかった様々なことを三池の労働者から教えられた。私の生涯の宝である。

大学院終了直後、私は地方の私立大学に職を得た。奇しくも当時本州大学という校名の現在の私の勤務校である。そこで、イタリア現代史の研究者として知られた同僚の重岡保郎さんからグラムシの思想の魅力を教えられた。夜は大学の近くの別所温泉に浸りながら、イタリア語とグラムシを教えていただいた。重岡さんとの邂逅・交友が昨日のように想い出される。その後、留学も含めて幾度もイタリア・ローマを中心にヨーロッパ各地を訪れた。ローマのグラムシ研究所はもちろんだが、グラムシの生地サルデーニャ島へも渡り、グラムシの生家を訪問したこともいまは懐かしい。

三池闘争とグラムシの思想を同時並行して調査・研究を進めてきた。その両者の結びつきに首をかしげる人も多いだろう。しかし、人間の社会認識、新しい社会形成への道の示唆という線で両者は深く関わり合い、結合すると私は考える。

このたびの「学位」はこの結合の試みが評価されたのだと思う。しかし、それを可能にしてくれたのは、高島先生の教え、そして私が若き日に学び、私を育んでくれた社会学部の知的土壌であったと改めて想わざるをえない。その母校によって長年の研究成果が認められたことに感慨を深めるのである。小論はその一端を綴ったものである。［Ⅰ］ではマルクスの「プロレタリアート」観をヘーゲルの「具体的普遍」の概念の継承として論じ、社会主義崩壊の原因を探った。［Ⅱ］は、グラムシの知識人論を中心に、新しい社会形成を論じた。

［Ⅰ］マルクスの「プロレタリアート」観——社会主義崩壊の要因

一　社会主義の崩壊

一九八九年のベルリンの壁の瓦解、そして二年後の社会主義国家ソ連の崩壊は私にとって大きな衝撃であった。この世で抑圧され、虐げられた人々にとって社会主義は久しく希望の星の筈であった。ところが、こともあろうに、ほかならぬ民衆によってその体制が打倒され、その事態を民衆が歓喜する光景に私は驚き、信じられぬ思いであった。しかし、それは事実であり、民衆がその体制を憎悪し、崩壊を喜ぶ事態も次第に明らかにされるにつれ、私の驚きは増した。

壁の瓦解から二〇年余が経ている。その間に「社会主義」もすでに風化した観さえある。その原因について様々な言説が公刊されてきた。私なりにその究明に努めてきた。結局、その原因はマルクスのプロレタリアート観にあるということである。小論で述べるように、それはもともとマルクスが「学位論文」でヘーゲルの「具体的普遍」の概念から継承し、「ライン新聞」時代においてライン州の「貧民」の慣習的権利に注目し、ゲルマン法の知見を援用して練り上げたものである。内実は、端的に「現実的でかつ理性的」というものである。つまり、現実の不正と対抗するためには強力なエネルギーが不可欠であり、同時にそれは理性的でなければならない。「貧民」は即自的にそのような存在であった。マルクスはそれを社会変革の主体、プロレタリアートに彫琢したのである。

しかし、それは革命の進展の過程で、「プロレタリア独裁」に、そして、共産党独裁果ては個人独裁という疎外態に転じた。疎外態に至った原因については、時代ごとに、各国の歴史的状況に応じて具体的に解明されなくてはならない。

ただ、私が強調したいことは、「理性的」ないし「普遍的」という概念が、マルクス主義理論の「歴史的必然」と結びついて理解され、批判を許さぬ自明のものとされたことである。そのため「政治的なもの」(後述)が見失われてしまった。これが小論(〔I〕)の結論である。あえていえば、マルクスの思想におけるもっとも重要なプロレタリアート概念が、皮肉にも社会主義国家崩壊の最大の要因となったのである。このことを私の研究の自己批判の念をこめて記したい。

二　「具体的普遍」の内実と展開

青年期マルクスの人間観はヘーゲルの「具体的普遍」を継承したものであることは先述したが、マルクスによるその継承過程の一産物——それは救済の対象にすぎなかったヘーゲルの貧民（Päbel）を捉えかえして意味づけ直したものであるが——プロレタリアートの萌芽としての「貧民」について再考してみよう。

この継承過程の作業は、「ライン新聞」期における諸論文において遂行される。そこにおいてマルクスは、「特殊が全体と関連しているときに、すなわち、それが全体と分離していないときにだけ特殊を精神的であり、自由であるとみなす」（「第一論文」）つまりヘーゲルと軌を一にする立場から、その体現者を「慣習的権利」を擁護しようとする「貧民大衆」に見いだし、その欲求はゲルマン法の趣旨から理性に適うものであること（普遍存在）、同時に生活に根ざす現実的な欲求でもあること（具体的存在）を実証する。つまり、彼らの欲求（実践）がそれ自体、具体的普遍の立場を即自的に示すものと捉えた（「第三論文」）。もちろんこの「貧民」も用語としてはヘーゲルからの継承であるが、ヘーゲルにあっては「賤民」ないし「窮民」と訳されるべき——市民社会の心情《ゲジヌング》を攪乱するものとして——救済の対象としてのペーベルであるのに対して、この期のマルクスの「貧民」概念は、市民社会の変革の主体、プロレタリアートの萌芽と捉えかえされている点に注目すべきである（客体から主体への反転！）。

周知のように、ヘーゲルにあっては、現実との適合〔Akkommodation〕のために、具体的普遍、「定在における自由」は実在世界を所与の前提として定立されたものであった。したがって、ヘーゲルの具体的普遍は虚構に終わらざるを得なかった。これに対して、マルクスはヘーゲルの方法原理に立ち還り、「現実を理念で測る」という哲学的実践、すなわち〝批判〟を遂行する。『ライン新聞』はこの作業のための恰好の舞台であった。そこ（地上の現実）においては、哲学と現実は「緊張関係」をはらみ、哲学自体の「内的な自己充足と完成とは破られ」ざるを得ず、「内的な光ったもの」が「外部に向かう焼きつくす炎となる」、同時に、その場合（地上の舞台）には、ヘーゲルにおけるように、実在を所与の前提として「哲学の実現」をはかることは不可能であった。マルクスがヘーゲルから継承した「具体的普遍」は、このようにして地上の現実において、遂に「貧民」概念の捉えかえしとして、その具体的体現者（プロレタリアート）の発見に迄突き進んだのである。

マルクスは、ゲルマン法の占有権を念頭に置いて、「緑木」と「枯枝」はその用途が相異なること、したがって、緑木の所有を即枯枝の所有とみなすことは悟性的認識であり、理性的ではないことを指摘する。いいかえれば、貧民において無自覚ではあっても、貧民の慣習的権利は理性的であると結論する。マルクスの表現でいえば、次のようになる。「貧民階級のこれらの慣習のなかには本能的な権利感覚が生きており、その慣習の根源は確固として正当なものである」（S. 209）。「そして、従来、貧民階級の存在そのものが市民社会の単なる慣習であるにとどまり、自覚的な国家組織の領地内ではまだふさわしい獲得をするにいたらない慣習にすぎなかったことをおもえば、貧民階級のあいだでの慣習的権利という形式はこの場合なおさら自然的であるといわねばならない」（Ebenda）。

以上、マルクスが見抜いた貧民の慣習的権利への衝動は理性的、普遍的な権利要求であることを、マルクスの指摘に基づき、ゲルマン法の内実を探ることによって了解することができる。

三　法律上の「先取り」

しかし、ここで注目すべきことは、マルクスが、この権利が、「理性的なものでありうるのは、ただ、その権利が法律とならんで、法律の外に存在し、しかもその慣習がやがて法律上の権利となるべきものを先取りしている場合だけである」（S. 206）という条件を付していることである。「先取り」とはなにを意味するのか。マルクスの説明は必ずしも明らかではない。ゲルマン法への着目を示唆するのみである。

この場合、後年マルクスが再び所有の問題に立ち還り、『経済学批判要綱』（「資本制に先行する諸形態」）においてゲルマン社会に留目したことを想起したい。小論の観点では、かつて一時知的ブームを呈した平田清明の一連の研究、とりわけ、「個体的所有の再建」という構想が以上の疑問に示唆を与えてくれる。

平田の所説はマルクスがその編纂に責任を負ったフランス語版『資本論』及び「諸形態」の文献クリティークに基づくものである。ここでは、小論に直接関係する限りでの平田説の引用にとどめる。

平田の主張の要点は、フランス語版『資本論』の次の章句（氏自らの訳文）に集約される。

「否定の否定は、勤労者の私的所有ではなくて、資本家時代の獲得物たる、協業と土地を含む全生産手段の共同占有にもとづく、勤労者の個体的所有を再建《レタブリール》する。」（平田清明『市民社会と社会主義』岩波書店、一九六九、一〇三～一〇四頁）。この章句について平田は次のように力説する。

「このマルクスの言葉は、不滅の言葉である。それは世界史における断絶と継承の関係を確認するものである。ここに引用できなかった部分をふくめて、『資本家的蓄積の歴史的傾向』にかんする節全体を、読者があらためて検討することを希望したい。『最後の鐘がなる。収奪者が収奪される』というあの火の文字は、単に歴史の断絶を語ったのではない。継承関係をも示唆していたのである。だからこそマルクスは、資本家的所有から社会的所有への転化は、自己労働にもとづく分散的な私的所有の資本家的私的所有への転化とくらべれば比較にならぬほど短く苦難の少ない過程である、と最後に結んだのであった」(前掲書、一〇六頁)。

以上にみるような、「否定の否定」の意味を誤解してきたのは、これまでのすべての『資本論』研究者、すべてのマルクス主義者である、と平田は断じ、レーニンすらその罪は免れられないと批判する。そしてその論拠になるのが「個体的所有の再建」である。なお氏の説明を記そう。

「資本家社会の革命的揚棄としての資本家的私的所有の否定は、一つの否定である。そして、私的労働という形をとった自己労働にもとづく『個体的な私的所有』の、『資本家的私的所有』への転変は、これまた一つの否定である。この後者を『第一の否定』とすれば、前者は『否定の否定』である。では、『否定の否定』は、何を意味するのか。ひとたびは否定されたものが再び次元を異にしてあらわれることは、容易に推察されうるところである。何があらわれるか。ほかならぬ個体的所有である。近代市民社会において私的所有におおわれていた個体的所有が、いま、資本家的所有の、さらには私的所有一般の否定によって、ふたたび措定されるのである」（同書、一〇三頁、傍点引用者）。

この個体的所有の概念の理解のために平田は次の如き言語的説明を行う。

「Privé が、共同利用の土地または建物から『奪われた』ものを直接に意味するのに対して、individuel は genes indivise（英語で言えば undivided members）を直接には意味するものであり、きわめて深く共同体的人間結合とかかわりをもったことばである。歴史具体的には共同体（commune, Gemeinde）との、歴史理論的には類的行為（Begattung）→類的存在（または類体）（Gattungswesen）とのかかわりを、individuel は直接に示している。これを日本ではこれまで『個人』と訳してきた。そして個と全との対立とか個の全への帰一とか、語ってきた。そういう場合、『個』とはバラバラな人間のことを意味していた。だがヨーロッパ語で individuel と言ったなら、ただちに共同体とのかかわりが具体的に想起されて然るべきものなのである」（同書、一三五〜一三六頁）。

更に「個人」について平田の語源的説明は続く。

「だから『個人』というと、語源的に、共同体という集団的人間の始源的存在を前提しているだけでなく、客観的に、集団的人間をみずから形成している人間を意味するのである。『個人』ということばにおいて、人は社会的存在としての人間を思いうかべてしかるべきなのである。それゆえ――と平田は以下の『経済学・哲学手稿』(藤野渉訳、大月書店)の章句を引用する。『個人は社会的存在である。したがって、彼の生命発現(生活表明)は――たとえそれが一つの共同体的な、他の人々といっしょに成就された生命発現(生活表明)という、直接的な形で現われないとしても――社会的生活の表明であり確証である。人間の個体的生活(individuelles Leben)とは別なものではない』

このマルクスの章句にもみられるように、ヨーロッパでは、『個人』とは単なるバラバラな人間であるのではない。ところが、日本というわれわれの国では、この『私人』が『個人』と混同される。ほんらい『個人』と『私人』とはむしろ対立概念であるにもかかわらず、両者が同一視されるのである」(同書、一三六～一三七頁)

しかもヨーロッパでは、「個人」は、「共同体の諸成員がその私的に獲得したものを交換しあう過程においてみずから形成したものである。私的な獲得すなわち私的所有と、同時にこれから不可避に発生する私的交換こそが、共同体的人間を個別化し、人間を『個人』として形成するのである。」(同書、一三六頁)。「したがって、『私的』所有と『個人』とは発生をともにしている」(同)。

このような考証をもとに、平田は「諸形態」に学んで、「ゲルマン的共同体こそ、ヨーロッパ＝中世発生史的始源だ」(同書、一三九頁)と論定して、「ゲルマン的共同体では、固有の家と耕地について個人の所有が成立している。マルクスはこれを『個体的所有』individuelles Eigentum と規定している」（同書、一三九頁）といい、しかも、ゲルマン的共同体は、「個体的所有者が私的所有者に転化する可能性を」「生産力の高さを」（同書、一四二頁）はらんでいたのである。端的にいって、「近代」の歴史過程が、「個人」を「私人」に変えたのである。しかも、この転変した社会姿態のもとでは、「すでに私的所有者がみずからの個体の内なる社会性を擬似的共同体として構成することによって形成してきた国家は、この時点ではもはや階級的国家としての内容をそなえている」（同書、一四三頁）。そして、そのようなものとして、その幻想共同態性を完成させているのだと平田は説く。

以上で、個人から、私人への変化、「私的所有の資本家的私的所有への自己転変」を把握できる。つまり第一の否定である。

ではこの「否定」の「否定」（社会主義革命）の可能性は如何？　平田の説明を示す。

私的所有者と国家（私人の個体における内なる社会性の物象化されたもの――黒沢）、つまり「私」private と「公」public との形式的区別は明白である。個人がこの公と私にひき裂かれていることは、多少とも批判的な思想家によって容易に認知される。日常的な生活においてさえ、ひとは、この公と私の分裂において、人間の本源的な個体を再獲得しようとするのである。

個体性は、資本家的私的個人においても労働者個人においても疎外されている（『経哲草稿』『聖家族』を参看されよ――黒沢）。ただし、この疎外が労働者において徹底していることは自明である。労働者は共同の利用物たるべき生産手段を奪われた（priviert）者として、この意味での私人として自己を意識させられる。それはゲルマンの個体的所有者が、そしてローマの私的所有者が、「公有地の利用から閉めだされ、それを奪われ（privert）たかぎりで、本来的に、私的所有者（Privateigentumer）そのものである」ことが知られているだけに、一層容易であろう。

このようなところでは、資本家的利害を代弁するものは、「所有」Eigentum の廃絶を意味するから不可能だと主張しがちであるが、これに対して労働者は、おのれの奪われた個体性を奪いかえし、おのれが始源において保有していた「個体的所有」を、そして後に私的所有のもとでおおいかくされた「個体的所有」を「再建」することを、当然の要求としていく。貫徹させるべき諸要求 revendications は、所有回復の要求 revendication として、ひろく大衆に意識される。私的所有の揚棄のうえで成立する社会主義は、協業や土地その他いっさいの生産手段の共同占有という「資本家時代の獲得物」を基礎として、「勤労者の個体的所有」が「再建」される社会体制であるほかないのだ。（同書、三三四～四四四頁、傍点引用者）

平田の説明を長々と引用したが、「否定の否定」に対する注目すべき改釈が了解できるであろう。この了解を基に、私なりに憶測すれば、すでにみたマルクスの「先取り」している、という条の内実は、ゲルマンの所有形態（平田の用言にならっていえば、「個体的所有」）であり、これこそ将来実現されるべき社会主義社会の所有形態を「先取り」していると理解してよいのではあるまいか。

以上の考察から、マルクスが主張するように、貧民階級が、権利に合致した衝動をみたそうとする欲求を感じていること、つまり、彼らの慣習のなかには本能的な権利感覚が生きており、その慣習の根源は確固として正当なものであることを了解できる。結論をいえば貧民の要求は理性的、普遍的なものである。

一方、この要求は、「空腹と無宿への純粋な正当防衛」（S. 208）であるが故に、観念的、空想的なものではありえず、きわめて現実的なものであることも納得できる。しかも、それは未来を先取りしたものであることも論証した。ここから「貧民」の要求は理性的かつ現実的であり、「貧民」は「具体的普遍」の形而下の萌芽形態であると結論することができる。もちろんその論証のためには、後年のマルクス研究の成果も援用し、かつ憶測を含むものではあっても、これを中心に爾後のマルクスの探究が展開されていった経過を惟えば、「具体的普遍」は当時のマルクスの中心概念であったと結論することができる。

四　唯物史観と歴史目的論

平田の高弟、今井弘道の論考（「『市民社会と社会主義』から『市民社会主義』へ」・「情況」一九九五年五月、情況出版）によりつつ、小論の課題を敷衍したい（今井論文には前掲平田書の頁数が記されているが、以下の引用では省略する。ただしカッコ内に今井論文の頁を記す）。

まず、平田の理解によれば、「プロレタリアート独裁」という政治形態の下では、「収奪者の収奪」が推進されるが、この過程は「個体の『再生』」の過程であり、それを通しての「社会の『再生』」の過程でもある。その過程を確実に踏むことによって「ブルジョア民主主義」のトゲが克服されるのだ（一二五頁～一二六頁）。つまりそれは「公的機能として国家が吸収していた社会機能」が「社会の体に返されていく過程」でもある。総じてそれは、「自覚的に連合した自由なる個人」という主体に担われた「市民社会」が「国家」へ疎外されていた政治的機能を自らのうちに取り返す過程なのだ（一二六頁）。

しかし、ロシア革命におけるプロレタリア独裁はこのようには進行しなかった。つまり、レーニンによれば、「所有の廃止」は「個体的所有の再建」を含意しない。彼にとってそれは、「私的所有の破壊」に伴う「社会的所有」の実現であり、それの「管理」問題、より正確には国家的官僚制による「管理」問題であった（同）。端的に「市民社会」が「政治社会」を自らのうちに取り返すよりは、「政治社会（＝国家）」が「市民社会」を呑み込む方向が取られたのである（一二六頁～一二七頁）。

以上、平田はマルクスと区別して、レーニンの〝逸脱〟を批判したが、今井はマルクスの思想のなかにもレーニン的問題点があることを次のように指摘する。

「ヘーゲルの歴史哲学的構成を踏襲したマルクスの唯物史観は、資本家社会の中での自己の階級利害の貫徹を意図する歴史的行為者が、結果的にはその行為を通して、階級利害の貫徹という目的を越えたいっそう高次の歴史的目的——コミュニズム社会——を実現することになるという『弁証法』的構造に支えられている。つまりマルクスは歴史の意味は自由の理念の漸次的な展開と実現にあるというヘーゲル的解釈を、階級闘争を通じてのコミュニズム社会における人間的自由の実現という理念に置き換えながら、その理念＝コミュニズムの実現こそが歴史の本来の意味であり、人間活動の本来の目的なるべきものと考えた。その上で、この目的を実現する目的意識的な行為の主体ならしめるべく労働者階級を目的意識性に目覚めさせるのが哲学だ、と考えた。

こうして人間の実現の行為はそれ自体としては意味をもたないものと見られた。しかし、そのことによって実は、本来的に政治的なものが否定され、それが歴史的目的論にすり替えられたといわねばならないのである」(一三六頁〜一三七頁、傍点引用者)

それでは、「政治的なもの」とは何か。今井は次のように説明する。

「本来的には、政治的共同体として共同で追求されるべき政治目的の共同的決定とその共同的実現追求を可能とするところに、そしてそのことを通して、自然的異質性を克服して社会的同質性を漸次的に獲得していくことに、その核心を有するといえるであろう」(一三八頁)。

ヘーゲルやマルクスの歴史哲学的な思考様式が排除したのは、このような「政治的なもの」の可能性であり、その結果、次のような事態を到らしめたと今井はいう。

「政治の領域は、歴史哲学的目的を了解した知識人が、それを了解していない個々の個人の行為をこのような目的に収斂させるべく統制し、また各人にこのような目的を自己の目的とするべく教化する領域と化す。このような統制と教化のためには権力が必要だが、その権力的統制と教化には、ヘーゲルにおいては普遍的身分としての官僚が、マルクスを経てレーニンにおいては、党が――要するに官僚が――あたることになる」「歴史目的論が固有に政治的なるものを否定し、それを行政的なものに転換させてしまうのはこのような構造においてである。政治目的が市民にとって所与的なものとして前提される場合には、政治的なものの領域は常に所与的な目的のために人々を動員するための行政的領域と化す。これに反し、政治目的が市民に対して開かれたものと捉える場合には、そして上で述べたような政治イメージがそれなりに実現される場合は、行政的なものは改めて政治化されていく筈である。その時には、市民社会は明確に政治的契機を回復する筈である」（一三八～一三九頁）。

平田も『市民社会と社会主義』において、如上の問題意識に遭遇し、その打開に苦闘したが、「平田はマルクスを救うためにレーニンを批判的克服の対象とした」が「マルクスを批判的対象とすることはしなかった」（一四二頁）。そのために「政治的なるもの」を具体的に深めることはできなかった。これが今井の結論である（因みに、平田の「階級独裁」については同氏の『市民社会と社会主義』「市民社会と階級独裁の論理」を参照のこと）。

マルクスは革命の主体、プロレタリアートをヘーゲルの「具体的普遍」から継承してライン州の「貧民」と統合させて彫琢した。しかし、一体であった筈の「具体」はプロレタリアートに、「普遍」は知識人に分離され、ヘーゲルの自由の実現はコミュニズム社会の実現という自明のものと見なされ、プロレタリアートは、知識人に従って、ひたすらその目的に進むだけでよいとされた。その結果、知識人は党に、果ては個人になり、人間が共同的に討議し、未来にチャレンジするという側面は排除された。社会主義の崩壊の要因はここにある。（社会主義の崩壊について拙著『アントニオ・グラムシの思想的境位』〈社会評論社、二〇〇九年〉〈第Ⅰ章〉において詳述したので参照されたい）

【Ⅱ】グラムシ知識人論・再考――新しい社会形成への道

［Ⅰ］において、社会主義の崩壊の原因はマルクスのプロレタリアート概念にあることを考察した。それはヘーゲルの概念「具体的普遍」を「貧民」と結合させて練り上げたものであった。マルクスは、ゲルマン法を援用して、プロレタリアートは、具体的（現実的）で普遍的（理念的）な存在であると考えた。それは社会主義実現の根拠であった。

ところが、ヘーゲルの歴史哲学によってマルクスは、歴史の目的はコミュニズムによる人間の自由の実現であり、それを実現するのがプロレタリアートであるとした。この場合、プロレタリアートはその目的を自覚していない。それを自覚させるのは哲学であるが、プロレタリアートは哲学を習得した知識人によってこの目的を教化されなければならない。つまり、「具体的普遍」の概念は、「具体」＝プロレタリアート、「普遍」＝知識人に分離され、その結合は知識人によるプロレタリアートの教化と定式化されたのである。ここに階級独裁、一党独裁の根は胚胎しやがて社会主義崩壊へつながったことは前述したとおりである。

グラムシの思想を現時点で再考すれば、以上の結末を見通す洞察があることに気づく。それは知識人論である。グラムシは、義姉タチアナ宛の手紙で、「頭にこびりついて離れない」テーマ、「系統的に研究したい」テーマの第一に知識人の問題を挙げていることはよく知られる。［Ⅱ］では［Ⅰ］の考察を踏まえて、「具体的普遍」の問題をグラムシが知識人論を視軸にしてどのように考えたかを述べる。

ところでグラムシ没後七〇年に、拙著『現代に生きるグラムシ　市民的ヘゲモニーの思想と現実』（二〇〇七年、大月書店、以下『グラムシ』と略記）を上梓した。これは私のグラムシ研究の集大成を目指した書である。したがって、ここにおいても如上の問題を論じたが不充分な面があった。小論では前著を踏まえつつも、補足・修正と一層の展開を意図した。知識人論の前提としてグラムシの人間観、ヘゲモニー論にも言及しなくてはならないため『グラムシ』と重複する箇所も多いことを予め断っておく。

一　グラムシの人間観

知識人を理解するためにはまずグラムシの人間観を理解する必要がある。『獄中ノート』においてすでにQ1から人間に対する言及が見られるが、マルクスと関連するQ4の次の草稿が注目される。

「……マルクスによって政治と歴史の科学に導入された基本的革新は、マキャヴェリと対照的に固定的で不変の『人間性〔natura umana〕は存在せず、それゆえにまた、政治科学は発展しつつある歴史的有機体として、その具体的内容において（またその系統的な論理的論述においてもか？）理解されなければならないことを立証した点にある』（Q4〈8〉A. pp.430-431）（因みにこの草稿Aは加筆・修正されてQ13〈20〉C.に再録される)。

ところで、このようなグラムシの人間論が決定的な転換——関係的人間観への——を遂げるのはQ7以降であり、そうした時期を経てQ10のII〈54〉B.「人間とはなにか」と題する覚え書において一応の総括がなされているとみてよい。

それではQ7において、転換なされたのは何故か？　それはマルクス文献、とりわけ「フォイエルバッハ・テーゼ」の精読・共感によるものである。(『グラムシ』一五一〜一五二頁参照)

さて、Q7〈35〉B.では、一方で俗流唯物論や自然主義的唯物論を批判し、他方で神学的、形而上学的思考を批判したうえで、次のような人間観を提示する。

「『人間性』とは『社会関係の総体』であるということこそ、もっとも満足できる答えである」。なぜなら、それは「人間は生成し、社会関係の変化とともに不断に変化するという生成の観念を含んでいるからであり、『人間一般』というものを否定しているからである」(Q7〈35〉B. p.885、①二七九頁)。

この章句にはすでにみた、「マルクス精読」(竹村氏の指摘)の影響が読み取れる。限定的にいえば、前出の①のフォイエルバッハ・テーゼ(第6テーゼ)精読の成果である。念のためにその部分を引用しよう。

「人間的本質は、決して個々の個人に内属する抽象物ではない。それは、その現実性においては、社会的諸関係の総体〔ensemble〕である」(MEW, Bd. 3, S.534、大月版『マルクス=エンゲルス全集』第三巻、一九五八年)。

グラムシはこの人間観を、前述したように、Q10 において一層敷衍する。この点を辿ろう。

「人間とはなにか、これは哲学の第一の、主要な問いである。どのようにそれに答えることができるか。定義は人間そのもの、いいかえれば個々人それぞれのうちに見出すこともできる。しかし、それはただしいか。個々人のうちに見出すことのできるものは『個々人』がなんであるかということである。しかし、われわれの関心をひくのは個々人がなんであるかということではない。それは結局それぞれの瞬間における個々人を意味するのである。そのことを考えるならば、われわれがここで人間とはなにかと問うとき、それは、人間はなにになりうるか、いいかえれば、人間は自分自身の運命を支配しうるか、『自己自身をつくる』ことができるか。生活を創造しうるか、という意味であることがわかる。したがって、われわれは人間とは一つの過程である、正確にいえば、人間の行動の過程である、といっているのである」（Q10〈54〉B. pp.1343-1344、①二七二頁、傍点引用者）。

グラムシはこの「過程」として行動的人間観をさらに展開させて、マルクスと同じく「関係性」を基軸に据えた人間把握を示すことについては前引した通りである。

ところで、この諸関係は、「さまざまな人間集団によって表現され」「それらの集団のおのおのは他の諸集団の存在を前提している」のであり、「それらの人間集団の統一は弁証法的であって、形式的なものではない」（Q7〈35〉B. p.885、同、傍点引用者）とグラムシは述べるが、彼がこの「関係性」を対自然をも含む、歴史的に敷衍して捉えている次の章句に注目すべきである。

「おのおのの個体性のうちに反映される人間性は、（1）個人、（2）他の人間たち、（3）自然という異なった諸要素から構成されている」（Q10〈54〉B. p.1345、①二七四頁、傍点引用者）。

「あたえられた瞬間にあたえられた体系として存在する関係の総体を認識するだけでは足りない。それを発生的に、形成の運動において認識することが重要である。なぜなら、個々人は現存する諸関係の総合であるばかりでなく、この関係の総合でもある。いいかえれば全過去の要約でもあるからである」(*ibidem.* pp.1345-1346、同、傍点引用者)。

さらに、Q10 中の次の章句にも止目したい。

「人間は、もっぱら個人的・主観的である要素と、個人が能動的関係を結ぶ大量の客観的または物質的である要素との、ひとつの歴史的ブロックとして考えられるべきである」(Q10〈48〉B. p.1338)。

以上の引用から、グラムシがマルクスのフォイエルバッハ・テーゼから関係的人間観を継承したことがわかるだろう。

以上の人間観によって、一方でグラムシは、一、カトリシズムの「個体主義」を、他方で、二、ファシズムの「全体主義」の双方を批判する。

1　カトリシズム批判

第一に、それは近代特有の個体主義(「個人の尊厳」)という名の個の実体化への批判を含意する。たとえば、それは次のようなカトリシズムに託しての従来の哲学批判に表白される。

「『哲学的』な見地からいえば、カトリシズムで納得のゆかないのは、それが、なにはともあれ、悪の原因を個体としての人間そのものにおくという事実、すなわちそれが人間を明確に限定され制限された個体として把握するという事実である。これまで存在したすべての哲学はカトリシズムのこの立場を再生産している。いいかえれば、人間を個体性に制限された個人と考え、精神をこのような個体性と考える、ということができる。人間の概念を改造しなければならないのは、この点に関してである」(Q10〈54〉B. pp.1344-1345、①二七四頁、傍点引用者)。

2　ファシズム批判

第二に、グラムシの関係的人間観はファシズムの人間＝社会観に対する批判の視座を提示する。

この点を了解するためには、まずファシズムの人間＝社会観を確かめる必要があるが、ファシズムには統一した人間観があったとは思われない。ここではファシズムの教義に「神秘」的性格を与え、ムッソリーニの下で公教育相をつとめ、ファシズム最高のイデオローグと目されたジョヴァンニ・ジェンティーレの考えの一端を示すに止める。

周知のように、彼の思想は、一九世紀から二〇世紀初頭の四半世紀にわたってイタリア思想を風靡した実証主義哲学、時には唯物論的にまで傾いた実証主義哲学を排撃し、カント以後のドイツ観念論とイタリア在来の実在論とを批判して「絶対的・現実的理想主義（idealismo assoluto e attuale）と呼ばれる独自の思想[1]」といわれ、その核心は有名な「純粋活動としての思惟（pensiero come atto puro）」である。その思想全体については稿を改めることにして、ここでは国家と個人の関係について彼の主張を示す章句を以下に引証しよう。

「国家という概念に実在と堅実性を与えるものはこの概念の中に我々が入れる内容ではなくして、

精神力の働き即ち我々が或る要素もしくは或る一定数の要素を、自分もその一員と感ずる所の集合的人格の中に収合せしめる精神力の働きである。国家性は、変化の可能なその内容に存在するのではなくて、却って人間意識の或る内容が一国民の性格を構成するものと考えられる時に採る形式に存在するのである(2)」。

「国家とは、決して自然に於いて存在するものではなくして、却って一の実在・大なる一の精神的実在なのである。それ故国家は、一切の精神内にあるもの及び精神に対するものがそうであるように、決して存在し且つ検証せられる事実でなくして、マッツィーニのいえる如く一の使命・即ち一の目的、存在にまでもたらされ又実現せられる所の或もの、要するに活動である(3)」。

このような国家観念のもとにその国家と個々の国民との関係についてジェンティーレは次のように説く。

「国民が初めにあって次に国家があるのではない」「国民が国民となるのは唯かれが口先だけで意志すると言うのでなくして実際に意志する時、即ち、自己自身の人格を国家——国家をはなれての集合意志（「民衆の共同意志」——引用者）もなく、また共同的・国民的人格も存在しない——の形式中に実現するように働く時に於いてに外ならない」「それは個人を集合体の犠牲に供し敢然として難に殉ずる真摯な活動である」「殉難とは個を普遍の犠牲となし、いわば自分の追求する理想のために我が身を消費せしめることにほかならない」「自己の国家性という捺印をもたないような人間生活はないばかりでなく、更に真の学問、即ち国家的学問でないような人間の学問は存しないのである」[4]。

以上、全体（国家）のために個（私）を捧げるというファシズム特有の情緒的な章句（滅私奉公・天皇陛下に帰一！）の背景に、まずはじめに、国家があってこそ、個（私）があるのだ（「全体なるものの実体化」！）という意想が読み取れるであろう。先進国イギリスの危機を市民社会の現実に看て取り、その「矛盾」を、市（私）民の「公民」への生成＝国家において「止揚」することを志向したヘーゲルと同様に、″ヘーゲル学徒″ジェンティーレもまた、近代市民社会（先進資本主義諸国）のゲゼルシャフトの原理に起因する矛盾を一種のゲ、マ、イ、ン、シ、ャ、フ、ト、の原理をもって超克しようとしたものと解することができる。

この点をより具体的にいえば次のようになろう。

「第一次世界大戦後の『私人の劣等な物質的利己主義』によって喪失した国家の権威と秩序の回復の主張である。そしてこの解体をもたらした自由主義・民主主義・社会主義を否定し、これらと不可分の個人主義・原子論的社会観・功利主義・唯物論を否定し、これらの反定立としてファシズムを正当化する」[5]。

「『国家 Stato に対立する個人』という考えは、反人間的魂の堕落を意味する。ファシズムはこれと戦い、民族 nazione の諸利益を無視した旧秩序を破壊しようとする高潔な『政治的道徳的運動』であって、出版の自由廃棄はこの国家救済という最高利益のための一時的中断にすぎない。ファシズムの政綱は対立すること、諸原理の正当な部分をより高度形態で含むがゆえに、ファシズムの勝利を確信する」(6)。

個の実体化に陥った近代の人間＝社会観を超克すべく、ファシズムはいわば有機的全体観を提示し、個と全体の超克をめざしたが、それは結局、国家（全体）の実体化という逆の一面性に陥ったのであった。全体＝普遍なるものをドウチュ、フューラー、天皇などにインカーネーションしてそれへの忠誠（絶対的服従）・帰一を強制するというファシズム国家に共通した歴史はこの〝実体化〟を如実に物語っている（ただし、「強制」といったがそれはいわゆるゲヴァルトによるものだけではなく、むしろ、人間の類性、社会性――もちろん国家・民族というものを媒介する疎外の形式をとるものであったが――に依拠していたことにも留意するべきである）。

3　個体・全体の実体化主義の超克

解決法はなにか。これまでの考察からいえば、個体実体化主義、全体実体化主義のそれぞれの一面性を止揚する立場とひとまずいうことができよう。グラムシがマルクスの「人間の本質は社会的諸関係の総体」というテーゼを援用しつつ関係的人間＝社会観を繰り返し主張したことはこの立場を志向したものと推測される。

しかし、個と全体の双方の実体化を排して構想される人間とはどのようにイメージされるであろうか。

それはヘーゲルの「具体的普遍」である。字句でいえば、「具体的」は「個体的」と、「普遍」は「全体」といいかえることができるから、この概念は「個体主義」「全体主義」の双方を超克する概念である。（マルクスは「学位論文」において、古代哲学を例にしてこの点を詳しく説明している。[7]）

マルクスは、「ライン新聞」時代に、ライン州の「貧民」にこの概念の具現体を見出した。そしてそれを「プロレタリアート」に練り上げ、革命の主体に彫琢したことは［I］で述べた。ところが、マルクスは歴史の意味は自由の理念の実現にあるとするヘーゲル的解釈を、コミュニズム社会における人間的自由の実現という理念に置き換え、その理念＝コミュニズムの実現こそが、歴史の本来的意味、つまり人間活動の目的だと考えた。しかも、この目的を実現する行為の主体がプロレタリアートであるが、それを自覚させるのが哲学だと考えた。こうして、行為主体は哲学から分離されてしまった。わかりやすくいえば、具体＝プロレタリアート、普遍＝哲学の分離である。すなわち、人間の革命的実践の意味は自明のものとされ、哲学（を担う知識人）がそれをプロレタリアートに教化するだけでよいとされた。ここから、プロレタリア独裁、一党独裁、個人独裁に陥り、終には社会主義崩壊に至った経緯は［I］で検証したところである。

この歴史の悲劇から学ぶべきは、「具体的普遍」における「具体」と「普遍」を分化させないことである。いいかえれば、未来を、その意味を自明なもの、「必然」と見なさないことである。ふつうのひとがみんなで考え、討議を重ねながら、与えられた条件のなかから未来を「創り出す」ことが求められる。グラムシの思想はこのための示唆に富んでいる。その中心が知識人論である。

グラムシは「政治社会の市民社会への再吸収」(Q5〈127〉B. p. 662 ④ 三五頁)というテーゼの下に、「アソシエーション」と総称される市民社会の「自己統治」の機関・組織の創成を提唱する。これらはたんに、国家のヘゲモニーに対する市民社会の対抗ヘゲモニーの例ではない。国家への「抵抗」のレベルを超えて、未来の自己規律的・自己統治的社会(「ソチエタ・レゴラータ」)の要素を含み、その萌芽とならねばならないとグラムシは考えたことが重要である。つまり、そこにおいて、「具体的普遍」の実現、個体の実体化と全体の実体化を克服する人間の実現が目指されたのである。そしてその要石は知識人論である。そこで次に知識人論に移ろう。

二　知識人論

グラムシの関係としての人間把握は当然に彼の知識人論にも適用される。

知識人論は『獄中ノート』の主要研究課題の一つであった。知識人論はすでにQ1、Q4などでも論じられるが完成度の高い三つのC稿で構成されるQ12において集約される。以下主としてQ12を通じてグラムシの知識人論の特色を探ってみたい。

知識人問題への関心はグラムシの単なる知的関心でなく、「ヘゲモニー」の具体化としてグラムシの変革の思想の要石であるが、まず知識人と非知識人の区別に関するグラムシの見解からみることにしよう。

1　知識人と非知識人

「もっともひろく見られる方法論的誤りは、この区別の規準を知的活動の内部に求めて、反対に、それらの活動（と、したがってそれを体現している諸集団）が社会諸関係の一般的総体のなかでおかれる諸関係の体系のうちに求めなかったことである」（Q12〈1〉C. p.1516、③八三頁、傍点引用者）。

このような関係性の観点からいえば、「純粋に肉体的な労働というものは存在しないし、……いかなる肉体労働にも、もっとも機械的な、もっとも劣等な労働にさえも、……最小限の創造的な活動が存在している……」（*ibidem*、③八四頁）ということになる。とすれば、「非知識人というものは存在しないので、知識人について語ることはできても、非知識人について語ることはできない」（Q12〈3〉C. p.1550、同）のである。ここから次のグラムシの有名なテーゼがうまれる。

「すべての人間は知識人であるということができよう。だが、すべての人間が社会において知識人の機能をはたすわけではない」（Q12〈1〉C. p.1516、同）。

つまり、「知的—頭脳的彫琢の努力と筋肉的—神経的努力との比率そのものはつねに等しいわけではなく、したがって、さまざまな水準の独自的な知的活動がある」（Q12〈3〉C. pp.1550-1551、③八五頁、傍点引用者）のは当然であるが、「あらゆる知的なものの参加を拒みうるような人間的活動というものはないし、homo faber と homo sapiens とを切り離すことはできない」（Q12〈3〉C. pp.1550-1551、同）のである。しかも、人間は、「その職業の外においてもなんらかの知的活動を展開する」（Q12〈3〉C. pp.1550-1551、同）。すなわち、「だれもが『哲学者』であり、美術家であり、趣味人であり、一つの世界観に参与しており、道徳的行為についての自覚的方針をもっている。したがって、一つの世界観の維持または変更に、いいかえれば新しい思考様式を生み出すのに貢献する」（Q12〈3〉C. pp.1550-1551、同）ということは日常的経験からも納得できる。

以上にみられるように、すべての人間が知識人であり、哲学者であるという原則的確認、さらに専門家といわゆる素人の差は——職業の場だけでなく生活の場の総体を勘案すればなおさらのこと——質的なものではなく量的なもの（前引の「比率」ということばを想起されたい）であるというグラムシの確信は旧来の知識人論の転換であった。

次に、有名なグラムシの１「有機的知識人」　２「伝統的知識人」についてグラムシの簡潔な説明を引用しておこう。

２　有機的知識人

「それぞれの社会集団は、経済的生産の世界における一つの本質的機能を本源的な地盤として成立するが、それと同時に一つまたはいくつかの知識人層を有機的につくりだす」。これが有機的知識人といわれるものであるが、その役割は、「その社会集団に、経済の分野においてばかりでなく、社会と政治との分野においても、その集団の同質性とその集団自身の機能についての意識とをあたえる」

（Q12〈1〉C. p.1513、③七九頁、傍点引用者）ことである。具体的な例として、「資本主義的企業家は、自分自身といっしょに、工業技術者、政治経済学者、新しい文化の組織者、新しい法律者等々をつくりだす」（Q12〈1〉C. p.1513、同）。以上有機的知識のグラムシの説明である。

3　伝統的知識人

2の社会集団が歴史に登場したとき彼らは（彼らの登場）「以前から存在している知識人の諸部類」、むしろ「社会的政治的諸形態のもっとも根本的な変化によってさえも中断されることのない歴史的連続性を代表するものとして現れていた知識人の諸部類をみいだした」（Q12〈1〉C. p.1514、③八一頁。傍点引用者）のであるが、この知識人層をグラムシは「伝統的知識人」とよぶのである。彼らは、「自分たちが中断されることのない歴史的連続性を代表しているのだと感じ、自分たちに『資格』があるのだと感ずるので、自分自身を支配的社会集団から独立な、自律的なものとして位置づける」がグラムシによれば、それは「社会的ユートピアの表現」（Q12〈1〉p.1515、③八二～八三頁、傍点引用者）でしかない。そしてこの知識人の典型例として、「いくつかの重要なサーヴィス、すなわち学校、教育、道徳、司法、慈善、援助等々とともに宗教的イデオロギーを、いいかえれば時代の哲学と科学とを、長い間独占してきた……聖職者」（Q12〈1〉C.p.1514、③八一頁）が挙げられている。

4　知識人の機能

前節では「すべての人間は知識人である」という主として前半の部分を中心に考察したのであるが、

続いてグラムシが「すべての人間が社会において知識人の機能をはたすわけではない」という後半の章句の「知識人の機能」とはなにか。眼目は「集団の等質性とその集団自身の機能についての意識をあたえる」（前引、傍点引用者）ことである。グラムシの説明を引用しよう。

「批判的な自己意識というのは、歴史的、政治的には知識人というエリートの創造を意味する。大衆は（広い意味で）自己を組織することなしには自己を『区別』せず、独立した『対自的』なものとはならないし、知識人なしには組織はない。いいかえれば、組織者と指導者とがなければ、理論——実践の連関の理論的側面が概念的、哲学的な仕上げを『専門とする』人びとのある層において具体的に区別されるのでなければ、組織はない」（Q11〈12〉C. p.1386、①二四九〜二五〇頁、傍点引用者）。

ところで、この「等質化」の「質」とはなにか。それは、批判的な首尾一貫した哲学「世界観」である（「人はつねに、自分の世界観のゆえに一定の集団、正確には同一の思考方式と行動様式とを分有するすべての社会的諸要素が形成する集団に属する」〈Q11〈12〉C.p.1376、①二三六頁、傍点引用者）。もちろん、ひとはその生において様々な世界観に出会い、選択し、それによって生きるのであるが、その場合に、その世界観が「批判的な首尾一貫したものでなくて、場あたりの統一のないばらばらなものであるとき」、その人の「人格は奇怪な混合物」になり、「穴居人の諸要素」や「けちくさい地方主義的偏見」（Q11〈12〉C.p.1376、①二三六頁）をもつならば、「現在をどうして思考することができようか」（Q11〈12〉C.p.1377、①二三七頁）とグラムシは反問する。

したがって、グラムシにとっての「世界観」はたんに以前の諸哲学を超克しているからオリジナルであるというだけでなく、とくに完全に新しい道をきりひらき、つまり哲学観そのものを完全に革新しているからオリジナルであるようなもの、つまり「実践の哲学」、要するに伝統的あるいは「正統派」マルクス主義を超克する世界観である。ただし、後論の大衆——知識人の関係についてのグラムシの見解からいってもこの世界観は決して完成された真理なるものの体系、ましてやその教条化などではなく、大衆—知識人の相互媒介的な共同主観化によってたえず革新され、つくり出される（実践の）哲学である。この「質」によって「等質化」された集団を創り出すことがすなわちヘゲモニーである。

三　知の伝達の構造

知の伝達の構造を項目的に記してみよう。

（1）たしかに全ての人は知識人であり、哲学者であるが、そしてそれ故にひとはそれぞれの〝世界観〟を選択しそれによって生きているのであるが、具体的にみると、階級の支配下にある大衆の世界は分裂状況にある。つまり、一つは「言葉のうえで肯定されるもの」と他の「実際の行動において実現されるもの」という「思考」と「行動」（Q11〈12〉C.p.1379、①二四〇頁）への世界観の分裂である。いいかえれば、「知的な屈服と従属とのゆえに、自分のものではない世界観を他の集団から借りて、それを言葉の上だけで肯定し、また世界観を奉じているると信じているということ」（Q11〈12〉p.1379、同）を意味する（従って、グラムシが続いて「世界観の選択と批判もまた一つの政治的事実である」（ibidem）と述べていることも注目するべきである）。

この分裂状況を克服するためには、「人間的活動のなかに暗黙に含まれている考え方」が「ある程度、首尾一貫した体系的な現実的意識、明確な断固たる意志となっている」（Q11〈12〉C.p.1387、①二五一頁）知的な人々の活動—教育—が要請されなければならない。この「教育」を私なりに解釈すれば次のようになろう。

①（借物ではない）大衆自身の世界観、哲学—「常識」（「じっさい、『常識』には、経験的で限られたものにすぎないとはいえ、ある分量の『実験主義』と現実の直接的観察とがある」（Q10〈48〉B.pp.1334-1335、①二六八〜二六九頁、傍点引用者）という表現はグラムシの「常識」の見方をよく表している）のなかにある「健全な核」であり、「発展させて統一的な首尾一貫したものとされるに値するもの」（Q11〈12〉C. p.1380、①二四二頁）、つまり、②「良識」に着目し、それを大衆とともに「批判的」に首尾一貫した③「世界観」（実践の哲学）に練りあげていくことである。図式化すれば次のようになる。

①「常識」→②「良識」→③「哲学」（世界観）。

ところで、上述の場合に、グラムシが「個人生活のなかにまったく新たに〈ex novo〉一つの科学をもちこむことが問題なのではなく、すでに存在している活動を革新し、『批判的』なものにすることが問題なのだ」（Q11〈12〉C.p.1383、①二四五頁）といい、このことは実践の哲学が大衆の「常識の進歩の『頂点』でもある知識人の哲学の批判として表われる」（Q11〈12〉C.p.1383、①二四六頁）という哲学史の事実とも一致するといっていることは注目すべきである。つまり理論を「外から持ち込む」のではなく、大衆―知識人の相互媒介による共同主観の形成が強調されている。

（2）「大衆的分子は『感ずる』けれども、いつでも理解し、あるいは知るというわけではない。知的分子は『知る』けれども、いつでも理解するとはかぎらないし、とりわけ『感ずる』とはかぎらない」（Q11〈67〉p.1505、②六七頁）。

このグラムシの章句は大衆と知識人のそれぞれの特色を簡潔に表現している。つまり、一方で大衆の知の分裂に対する批判であるが、感性については評価するのである。この基底には次のようなグラムシの確信がある。

「『現実』は、謙遜な人、つつましい（umile）人々によって表現されるのである」（Q23〈51〉C. p.2245、③二八〇頁）。

大衆の「現実」があり、大衆がそれを表現することが前提である。ただし、この場合の大衆の表現はつねに首尾一貫した「哲学」として表現されるわけではない。しばしば、「フォルクローレ」として或いは、「民謡」など、一般に下位文化として表現される。これは「知的な屈服と従属」による知の分裂に因る。したがって、そこではしばしば行動方式も「盲目的《ママ》」〈cieca〉情熱およびセクト主義」（Q11〈67〉C. p.1505、②六九頁）に陥らざるをえない。

他方で、知識人の感性の欠如に対する厳しい批判がある。というよりグラムシにとって「知」とは、大衆の「表現する」「現実」を練りあげることでしかない。たしかに「世界観」は「すぐれた精神

（知識人—引用者）によって練りあげられずにはいられない」（Q23〈31〉C. p.2245、③二八〇頁）のである。だが、それは「大衆」によって「表現された」「現実」を「感ずる」ことなしには不可能である。にもかかわらず、知識人は往々にして「感じ」もしないで「知る」ことができると思いこんでいるとグラムシは批判する。

なお、グラムシは知識人と大衆が絶えず、「接触」し、それを「反復」することによって、「現実」の理解の共有化（共同主観化）を求める。それは［I］で指摘した「政治的なるもの」の実現の不可欠の条件である。

さらに、「大衆」と「知識人」のそれぞれの特色についてグラムシは指摘するが、両者は層として画然と分離されると考えるべきではない。実体的区分ではなく機能的区分である。つまり、大衆的分子のなかに、知識人の要素があり、知的分子のなかに大衆的要素があるのだ。さらに、しばしば誤解されるように、「感性的理解」から「知的理解」へと段階的に区分されるべきではない。前者のなかに後者の要素が、後者の中に前者の要素がある。区別はあくまで量的なものである。「全ての人間は知識人である」というグラムシの提言《テーゼ》は以上のように解されるべきである。このことを重ねて強調したい。

このように理解すれば、グラムシの章句によって確かめることはできないが、両者の統合こそがヘーゲルの「具体的普遍」を体現する人間と考えて間違いあるまい。そうであれば、「具体的普遍」は、マルクスのように、「貧民」から「プロレタリアート」に展開するのではなく、国家のヘゲモニーによって分離されている知識人と大衆を市民社会において統合することによって、つまりそのための市民のヘゲモニー的実践によって実現するとグラムシは考えたのである。これが小論の結論である。

おわりに

【I】の補足

マルクスにとって「社会主義」とはなんであったのか。それを自分で確かめてみたい。それが学生時代の私の最大の関心事であった。「社会科学を学びたい」という入学当初の気持は、高島先生の講義を聴くにつれて次第にこのように収斂していったのである。そのためには当時未だ勢威を誇っていた社会主義の祖国ソビエト連邦、中国、東独などの社会主義諸国の歴史と現状を調査研究するという接近方法もあった筈である。事実、そうしたやり方で「社会主義」の思想と現実を究めようとしていた仲間も多くいた。

そのやり方に興味がないわけではなかった。だが、私はマルクスがどのような思想遍歴を経ながら社会主義思想を形成していったかにより興味を抱いた。もちろん、六〇年代に流行した初期マルクス研究の影響もあったと思うが、それよりも高島先生が講義でしばしばいわれた「主体的」という言葉が印象深かったのである。社会主義の形成史をマルクスの原典によって自分なりに辿る。この作業によって、「主体的」に社会主義を把握することができるのではないか。こう考えたのである。

ところで、初期マルクスというと、ふつうは『経済学・哲学草稿』を思い浮かべるだろう。もちろん、私も当時次々と文庫版で邦訳されたこの草稿を人並みに興味をもって読んだが、主要な関心は「ライン新聞」時代のマルクスの論考に向けられていった。通説に反して私はそこにマルクスの「プロレタリアート」概念が「貧民」という民衆的なかたちに生成されていると考えたからである。より具体的にいえば、マルクスが「学位論文」で検証し、後に自らの思想の中心に据えたヘーゲルの「具体的普遍」という概念をゲルマン民族の所有権の援用によって、貧民のなかにその現存体を捉えたのである。つまり、ライン州の「貧民」は「具体的普遍」を現実の存在として体現していることをマルクスは彼らの「慣習的権利」への欲求から洞察したのであった。その後、パリで実際の労働者と交流するなかで「貧民」を解放の主体としてのプロレタリアートに彫琢していったのである。社会主義の生成史、初期マルクスには様々な背景、要素を勘案すべきであるが、最も重要な点を一つ挙げるとすれば、躊躇なくそれはプロレタリアートである、と私は答えたい。ここに社会主義のレーゾンデートルがある。これが私の初期マルクス研究の結論である。それゆえに、マルクスの社会主義はとりわけ貧しい人々の希望の星となり、多くの人々を魅了したのだ。こう私は考えるに至った。そしてふつうの研究者とは異なる視界から社会主義の核心に迫ったことを私は密かに誇りに思っていた。

因みに、本文でも援用した平田清明『市民社会と社会主義』（岩波書店、一九六九年）も、「個体的所有」の概念はゲルマンの所有論がベースになっている。

平田とは神奈川大学時代に同僚として七年間を過ごした。高島ゼミの先輩、後輩として親しく交流したが、話題の中心はゲルマンの所有論であったことを懐かしく思い返す。

ところが、一九八九年にベルリンの壁はあっけなく崩れ、あろうことか二年後にはソ連邦も七四年の歴史を閉じた。その事態に民衆は歓喜していた。ビデオ放映によってその光景を目のあたりにしたとき私は文字通り茫然自失した。こんなことがあるのか。高島先生の社会科学論によって導かれ私が「主体的」に確かめた「社会主義」とはなんだったのか。そのために費やした私の人生、知的生活とは。こう考えて暗澹たる気持に陥った。様々な「解説」がマスメディアを賑わせた。したり顔で、社会主義の敗北は予言通りだったと繰りかえす論客。これでやっと待望の市民社会が生まれるのだと説く評論家。いずれの言説にも納得できずその軽い論潮に嫌悪感さえ覚えた。なによりも不思議に思えたのは、一時期社会主義教育を絶賛し、競って実態を紹介していたマルクス主義教育学者がこの事態に全く口を閉ざしてしまったことである。量産された彼らの論考、著作は一体なんだったのか。今に至るもその疑念は拭えないでいる。

やはり私なりの総括を「主体的」にやらねばならなかった。詳しくは本文中に述べたので繰りかえさない。なんということだろう。結論は、根本的原因はプロレタリアート概念にあるということである。社会主義のレーゾンデートルに思い至った時、私は再び心底愕然とした。しかし、幾度検証しても事実は事実である。

以上、本文と重複する叙述も多いが、社会主義崩壊について回想を追記した。ほかでもなく、崩壊の真因が確定できなければ再生の道も見出せないと考えるからである。ただし、マルクスのために弁護すれば、具体的普遍＝プロレタリアート概念自体が悪いのではないということである。それが批判を許さぬ自明のものと見做されてしまった経緯が問題である。いいかえれば、この概念をどう実現するかという方法である。

たしかにマルクスも一時期「民主制」を「体制の類」として高く評価した経緯がある（「ヘーゲル国法論批判」）。しかし、その後、この概念は十分展開されることなく、「人間の完全な喪失」を一身に体現するが故に、「人間の完全な回復によってだけ自分自身をかちとることのできる」（「ヘーゲル法哲学批判・序説」）プロレタリアートの解放の主張へと展開したのである。その理由についてはなお充分明らかにされていない。ドイツという後進国出身。それによる存在被拘束。そしてそれゆえに解放理論に対するヘーゲル弁証法の性急な適用ではなかったかと推測するのみである。

【Ⅱ】の補足

課題は明らかである。マルクスに即していえば、ヘーゲル弁証法の「性急な適用」ではなく、「体制の類」としての「民主制」の実現である。これを引き受けたのはグラムシである。基本視軸は「関係性」、グラムシの用語でいえば、「歴史的ブロック」である。もちろん、彼はこの概念をマルクスから継承したのであるが、それを社会形成の方法に適用した。

要点をいえば、「具体的普遍」の「具体」と「普遍」を分化させないこと、未来を、自明なもの、「必然」と見做さないことである。そうではなく、ふつうのひと（ヒラの市民）が互いに討議を重ねながら、それぞれの差異をできるだけ同一の方向にまとめる、そういう地道な営為のプロセスで「未来」を「創り出す」。グラムシはこう考えた。

グラムシは、「政治社会（国家）の市民社会への再吸収」という定式で、「アソシエーション」と総称される「自己統治」の組織（ソチエタ・レゴラータ）を創成することを提唱する。これは単なる抵抗体ではなく、未来社会の在り方を含む概念である。つまり、そこにおいて、「具体的普遍」の実現、個体の実体化と全体の実体化を克服する人間の実現を目指したのである。その要石は「知識人論」である。具体的には、大衆と知識人の統合――「全ての人が知識人になる」ことである。しかし、この場合、たしかに全ての人は知識人であるが、全ての人が知識人の機能を果たすことはできないとグラムシは考えた。現実には両者の差異、区別を前提とするが、しかし、その区別を生来的、実体的とは考えなかった。そうではなく、「政治的」に生み出された結果である。両者の「統一」の具体的方法については本文（[Ⅱ]）に譲るが次の点を重複を恐れずに強調したい。

大衆のなかに知識人の要素があり、知識人のなかに大衆の要素があるのだ。区別は質的でなく量的なものである。誤解を恐れずにいえば、もともと同一の人間のなかにある知的要素のどちらがより多く、蓄積され表現されるか、その差異・区別が大衆であり知識人なのである。そうであれば、この区分をできるだけ縮小することは可能であり、それによる両者の統合こそが、ヘーゲルの「具体的普遍」を体現する人間の創造である。そしてこれこそが、「体制の類」としての「民主制」の核心である。これによって新しい社会の形成、つまり、社会主義の再生は可能なのだ。グラムシの思想を私なりに要約すればこうなるだろう。以上が［Ⅱ］、というより小論全体の結論である。

残された課題

高島先生はグラムシに関心は示しながら直接論及はされなかった。しかし、私が読み通した処女作

『経済社会学の根本問題』、「社会科学」三部作の『社会科学入門』『社会科学の再建』『時代に挑む社会科学』による限り、先生の主唱される「市民制社会論」（現代的市民社会論）はマルクスの未完の概念「体制の類」としての「民主制」と意想を同じくする。しかも、晩年、その具体的デザインとして日本国憲法、その理念にも強い関心を示されている。その構想は未完におわったが私が考察したグラムシの市民社会論と大きく重なる。今回の「学位」取得を契機として、先生が残された未完の「市民社会論」を継承し、「市民社会体系論」の完成を目指したいと念う。それが先生の学恩に報いる道だと信ずる。この決意をここに誌して小論を結ぶ。

［注］

（1）吉田熊次・渡辺誠『ファシスト・イタリアの教育改革』（国民精神文化研究所、一九三八年）五九頁。
（2）G. Gentile, La riforma dell'educazione, 1975, Sansoni. p.11、西村嘉彦訳『教育革新論』（刀江書院、一九四〇年）二〇頁。
（3）注(2)p.12、邦訳二一～二二頁。
（4）注(2)pp.12-14、邦訳二三～二七頁。
（5）竹村英輔「イタリア・ファシズムにおける国家」『ファシズム期の国家と社会』7「運動と抵抗」中、東京大学社会科学研究所編、東大出版会、一九七九年、六九頁。
（6）同上。因みにアルフレード・ロッコ Alfredo Rocco（一八七五～一九三五）の考えの一端を竹村の教示にしたがってみれば次のようになる。「国家の権利はそのまま法に等しく、個人の権利に優越するので、ジェンティーレ的な国家と個人の神秘的『合致』ではなくて、個人は国家に『従属』する」（注（4）、九六頁）。

（7）　この点については拙著『国家・市民社会と教育の位相――疎外・物象化・ヘゲモニーを磁場にして』Ｉ部第二章「マルクスの人間観の原点としての『具体的普遍』――マルクスの『学位論文』を中心に――」（御茶の水書房、二〇〇〇年）を参照されたい。

付記

本文中にＭＥＷと略記したのは旧東ドイツのディーツ社から刊行されたマルクス・エンゲルス著作集（大月書店版マルクス・エンゲルス全集の原本）である。引用後にページ数を記した。

グラムシの引用についてはQuaderni del Carcere, Istituto Gramsci, Acura di V. Gerratana, Turino, Eunaudi, 1975（『獄中ノート』グラムシ研究所校訂版、ジェラッターナ編）を用い、Ｑ（ノート番号）、〈 〉内（草稿番号）、Ａ・Ｂ・Ｃ（草稿種類）と略記。邦訳は『グラムシ選集』（合同出版）を主に用い、巻数、ページ数を引用後に記した。

第四章　現代日本における市民的ヘゲモニーの生成

一　資本主義の変貌と現代市民社会

1　現代資本主義の修正

顧みれば七〇年代半ば頃から日本はポスト産業主義に至り、社会構造が大きく変質した。周知のように、このような構造における変化を巧みに捉えて、戦後教育の大転換を企図したのが八〇年代半ばの臨時教育審議会（後述）であった。そしてその答申の意想はその後の小泉構造改革にも継承され一層の徹底化が進行している。その背景には一体なにがあったのだろうか。端的にいえば、それは資本主義の「先祖がえり」に伴う教育政策であった。経済学者の言説(1)を援用しつつ、この状況を私なりに要約してみよう。

想えば、一九三〇年代の大恐慌の経験、およびその少し前に勃発したロシア革命の影響を受けて、資本主義は自らの原理を少しずつ変えて延命を図ることを余儀なくされたのであった。一言でいえば、

「ケインズ的福祉国家」の実現である。国家による公共事業を増やし、極力失業を押さえ、他方で国民の最低限の生活を保障しようとする政策である。たとえば大企業の国有化を進めるとか、そこまでいかなくても国（官僚）の規制によって経済の「計画性」を強化するなどして、資本主義の市場法則を一定程度チェックして安定した経済成長を維持してゆこうという試みであった。このような、いわば資本主義と社会主義の「アマルガム」現象は、第二次大戦後の西欧、アメリカなどの先進諸国、少し遅れて日本にも顕著に見られ、それが社会民主主義の基礎となったことは周知のところである。

このような政策の試みは、一九五〇年代から七〇年代の初めにかけて、一応の成功を収めた。日本のような十余年にわたる驚異的な高度経済成長は例外としても、ほとんどの先進国において大恐慌もなく、持続的な経済成長がもたらされ、総じて「豊かな社会」といわれる状況が実現したのであった。もちろん各国ごとに程度の差はあったにしても、所得配分は平準化され、失業、貧困を主とする諸々の問題もなくなりはしないにしても、一応その度合いは軽減したといえよう。日本においても当時九割の国民が「中流意識」をもつに至ったという事態は「修正資本主義」の成功を物語るものといってよいだろう。

ところが日本の経済成長が実質マイナスに転じた七四年あたりから、順調に見えていた資本主義に「かげり」がさすようになった。その典型的な事象が「スタグフレーション」、つまり、インフレと停滞的低成長が同時に現出するといった、従来の経済学が全く予期しなかった事象であった。この事態はイギリスからはじまり、やがて日本もそれに巻き込まれ、世界的に拡がることになったのであった。その原因を経済学者は、最終的には、すでに述べた資本主義の修正による延命策が行き詰まった点に求める。

それではそのような事態に対してどう対処するべきであるか。その対応のための一大政策がつまり先述した資本主義の「先祖がえり」に集約される諸政策である。それは要するに七〇年代末に政権についたイギリスのサッチャーの政策、「サッチャーリズム」（新自由主義）に先駆的に見られるように、前述した「アマルガム」から社会主義的要素を取り除き、あるいはできるだけ薄めて、資本主義の活性化を試みようとする志向である。具体的には労働運動を徹底的に弱め、社会保障も薄める施策が推進され、他方で規制緩和、新自由主義による市場原理の貫徹が提唱されたのであった。「例外なき規制緩和」「市場原理至上主義」のスローガンの下に推進されたこの政策理念は、アメリカのレーガン政権（レーガノミックス）を経て八〇年代の日本の中曽根政権に移入・継承された経緯は記憶に新しいところである。

2　臨時教育審議会の再審

教育においてこの考え方をストレートに打ち出した元祖が、先に触れた臨教審であった。幾度か旧稿[2]で触れたところであるが、重複をいとわずにその特徴の大枠を述べてみよう。

それは七〇年代の世界的不況を乗り切るために、新自由主義経済政策（サッチャーリズム）による国家再編の一環としての教育政策であった。具体的には電電公社のNTTへの、そして国鉄の株式会社JRへの転換と軌を一にする国家＝「公」の、民間＝「私」への一部移管である。教育に内在してみれば、学習者の意欲や「自由」、能力に応じた学習の機会を尊重し、しかも民間の教育産業と分担しつつ、そこにおける「活力」と「自己責任」をテコにして、国家の負担を軽減しようという考え方である。この発想を広く国民の間に浸透させ合意（ヘゲモニー）を獲得することは不可欠であった。このために、臨教審は「教育」に代えて「学習」を提唱し、学校教育よりも「生涯学習」を強調しかつ宣揚するキャンペーンをマスコミを通じて大々的に行ったのは周知の通りである。臨教審が従来の中教審と異なり首相の諮問機関であったこともマスコミの関心を強く引いた。

　たしかに、経済成長によって進展した消費社会は、情報化によって増幅され、ソフト化も進んだ。そのために画一的で均質的な大衆の時代は去り、個人化とまではいかないまでも分衆（分割された大衆）あるいは少衆化が進んだためもあって、臨教審の喧伝する「自由化」「多様化」路線は国民に歓迎される面も多くあった。言葉の含意としても教え育てる「教育」よりも、自ら学んで習う「学習」の方が、その限り自由の尊重として時代の風潮に合致していたとも言えよう。それは否定できない。当時、全国紙も社説で、明治以来の日本の教育に色濃い国家主義・官僚統制に「風穴を開ける」ものとして期待を表明していたほどである。

　しかし、実相は、すでに考察してきたような資本主義の「先祖がえり」のための教育政策でそれはあった。少なくともこの側面が大きかったことは否定できない。すなわち、学習尊重というタテマエの裏には、それによって、国家が教育負担を免れたい、軽減したいというホンネが隠されていた。したがってそこで宣揚される「自由」にしても「学習」にしても、自発的学習意欲を示すもの、「自己責任」（受益者負担能力）のある者だけを措定するものであった。端的に言えば、それ以外の者は切り捨ててもよい、それは当然なのだ、というのがホンネであった。このように断じてよいだろう。

言うまでもないが、現存する甚だしい格差構造のなかで、「自由」な競争を押し進めれば、競争に打ち克って自由を享受できるのは強者だけである。学校においても高いランクの学校へ入ることのできる者は、一部の例外を除けば、経済的・文化的・「学力」的に恵まれた者でしかありえない。事実、「底辺」部の学校には、そのような条件に恵まれない者が集積されている（「教育困難校」）。「自由化」が徹底している大学問（全国一学区）の格差には歴然たるものがあり、高校の場合も規制緩和による「自由化」によって格差は拡大している。目下、急速に拡大されつつある「学校選択の自由」（学区拡大廃止・選択の自由化）がさらに義務教育段階にまで及ぶならば、同様の事態は公立小中学校でも一般化するだろう[3]。これらの傾向は資本主義の「先祖がえり」の当然の帰結といわねばならない。

3　国家から市場への解放

ところで、自由化ないし規制緩和とは、ふつうに解釈すれば、国家に吸収されていた権力を可能な限り市民社会に解放することである（後述）。また現在次第に進行している「地方分権の推進」も本来は同じことを意味するであろう。そうであれば規制緩和、地方分権によって、憲法に謳われた通り（第九二条）の、本当の地方自治が実現するかのように思われたのも当然である。だが現実はその方向とは著しく異なるものであった。この点について経済ジャーナリストの説明を引用しよう。

「規制緩和とは何か。一般の国民は規制緩和とは、行政、官僚による規制や規則をとっ払い、お上の意向をうかがいながら行動してきた日本人の過去の生活パターンへの決別、それによって自立した自己責任社会が到来する、というふうにシンプルに受け止めてしまったようです。が、そうではなく、規制緩和の本質は、すべては市場メカニズムに任せさえすればうまく行く、強者も弱者も、大も小も一切の区別は必要ない。という『市場競争原理至上主義』の経済学にあるに思います」[4]。これまた端的に、資本主義の「先祖がえり」の実相を示すものといってよいだろう。

ところで乱暴に言えば、資本主義は一切の上部構造を捨象した経済的過程のみによる自立的運動体として展開されるのが理想的状態なのである。もちろんこのような事態は現実には起こりうるはずはなかったのではあるが、資本主義の歴史を顧みれば、一九世紀中葉までのイギリスにおける経済状況がほぼこれに近似したものであった。この歴史的傾向を「抽象」化することによって得られた像が「純粋資本主義」といわれるものである。言い換えれば、商品経済という法律的、政治的関係にかかわりのない土台が全体を規制しているような社会像である。因みに、マルクスが『資本論』で描く資本主義は基本的には、この純粋資本主義である。

ところが一九世紀後半になると資本主義は「帝国主義」の段階に至り、逆に不純化傾向、つまり、国家（上部構造）による政策的介入が一般的になった。そして、ロシア革命により成立した「社会主義国家」と対抗し、一九三〇年代の世界的恐慌を切り抜けるために、国家によるこの介入の度合いが一層強められたことはすでに述べたところである。一方、新しく出現した「社会主義」も、その名称とはうらはらに、実情は市場の揚棄ではなく、国家によって市場経済を一定程度制限することにとどまった。したがって景気変動による失業は押さえられていたにしても、資本主義の基本的矛盾である「労働力の商品化」は揚棄されたわけではなかった。生産手段が国有化された資本主義、つまり「国家資本主義」というのが実相であった。こうした解釈は今日では一般化しているといってよいだろう。

一九八九年、周知のようにベルリンの壁は崩れ、「社会主義国家」の多くは崩壊した。残ったわずかな「社会主義国家」も「社会主義市場経済」に移行している。もはや社会主義は資本主義国家にとって恐怖の対象ではなくなったのである。資本主義は国家の介入によって社会主義的要素を採りいれる必要がなくなったわけである。つまり資本主義的経済行動（例外なき規制緩和）を自由に行うことが可能になったのである。私が繰り返し指摘した「資本主義の先祖がえり」とはこのような背景の下に現実化したのであった。

4　市民社会の思想と現実

ところで、国家に吸収されていた人間の様々な諸権利、諸機能を「規制緩和」「自由化」によって解放されるべき「場」は「市場」だけであろうか。あるいは市民社会＝市場社会であろうか。それは余りに一面的な見方である。ただし、この市民社会の内実については様々な見解がある。本書序章でも触れ、別稿[5]とも重複するが、まずは要点のみを述べてみよう。

市民社会について簡潔に説明することは大変難しいが、歴史的には、ギリシアのポリスの市民と一五世紀末頃にイギリスに出現した独立自営農民層という二つの歴史的人間像を「市民」のプロトタイプ（原型）と考えてみても、それ程大きな誤りはないであろう。ポリスの市民は、アリストテレスによって「ゾーオン・ポリティコン」（政治的動物）と呼ばれたように、家事、育児、そのほか生活のための労働などは女性や奴隷たちに任せて、ひたすら全体に係わる「公」的な仕事＝政治に従事し、同時にそのために心身の鍛錬（スポーツ、武芸）や徳性の育成に励んだのである。逆に独立自営農民

（層）は、私的労働とそれに基づく所有に自分の関心を集中させ、その意味で「私」的生活を中核としていた。もちろん、そこにも「公」はあったが、それは「私」的労働、それに基づく私的所有、その交換関係を維持する限りでの、いわば副次的な、結果としての「公」であった。

以上の二つの「公」「私」の歴史像を思想において統合しようとした思想家はさまざまであるが、その有力な一人はヘーゲルであったということができる。次の章句にそれはよく表現されている。

「同じ人間が自分と自分の家族のことを考え、働き、契約を結ぶなどするとともに、普遍的なもののためにも働き、これを目的とする。前の側面を見ればその人間はブルジョアであり、後の側面を見ればシトワイヤンなのである」（『イエーナ実在哲学』）。

ヘーゲルはこの「公」（シトワイヤン）の面と「私」（ブルジョア）の面の統合された人間が「近代国家」において創出可能だと考えたが（『法の哲学』）、現実の国家は「公」の名の下に「私」を犠牲にしたり（ファシズム国家・スターリン主義国家）、「公」を「私」の手段と見なす場合が多かった（ブルジョア国家）。日本では戦前・戦中の「滅私奉公」が前者の国家であるとすれば、戦後の国家は逆に「滅公奉私」といえるかもしれない。

ここで、大切なことは「私」を大切にしつつ、同時に「公」をも考える、そうした人間の形成である。それは、ヘーゲルのいうように国家という大きな組織、あるいは民族という血縁的共同体においてではなく、ふつう「地域社会」と呼ばれる手のとどく感じの「空間」、そこで働き、生活する「住民」による同好、同志のアソシエーション、もっと具体的にいえば、理念としての「地方自治体」においで、実現が見込まれるものである。私はそのような理念的かつ歴史的に実在した共同体を「市民社会」と呼びたいのである。この点は後論でも触れる。

5　現代市民社会の展開

以上が実在の歴史的人間・社会から抽象した、私なりの「市民社会」のイメージであるが、最近の研究成果によりつつ、さらに詳しく「市民社会」について考えてみよう。この場合に、最近の市民社会論の動向には、「資本主義の変容と国家社会主義の解体という二〇世紀末の状況のなかで、新たな『市民社会』論の彫琢と二一世紀に向けた社会科学のパラダイムを創造しようとする知的、道徳的呻吟が感じられる」[6]という状況に注目したい。この指摘は私がこれまで述べてきた文脈と一致している。詳細かつ多面的研究の中から、小論にとって特に重要と思われる現代市民社会論の特徴を抽出してみよう。

① 「市民社会」は「ブルジョア社会」ではないということである。つまり、「市民社会」は、ヘーゲルが「欲求の体系」として、『法の哲学』において観念化したような、すなわち社会的労働と商品交換の市場経済システムとして概念化したような、自由主義的な伝統をもった「ブルジョア社会」とは異なる文脈に位置づけられている。言いかえればマルクス主義の影響から離れた地平で「市民社会」論を構築しようとしている。この点をまずは指摘しておきたい。

② ここには、市場経済こそがそのまま市民社会なのだという最近の思潮（「資本主義の先祖がえり」）

に対する批判が強く看取される。それどころか、市場経済の自生的秩序論と規制緩和論に対して、市場経済をコントロールするもの、すなわち諸々のアソシエーションとそのネットワークとして市民社会を捉えようとする傾向が強く見られるのである。この点に関連して次の指摘は重要である。「市民社会は旧来、一方で『市場経済』と同等視されるとともに、他方で国家との対立において把握されてきた。こうした一八世紀以来の『国家』と『市民社会』との二分法の上に立つと、『市場経済』＝『市民社会』として理解、混同され、国家から自律した『市民社会』による『市場経済』のコントロールという視角が出てこない。こうした混同はいつでも発生しうる。したがって、この混同から免れるためには、従来の『国家』と『市民社会』という二分法から『市場経済』の領域＝『ブルジョア社会』と『国家』との中間領域として、『市民社会』を設定した三層構造を最低限、想定する必要があるﾞ」[7]。

③「社会的共通資本」を設定し、それを管理・運営するものとして「市民社会」を考える。この概念は主として経済学者の宇沢弘文氏の構想によるもので、「私的所有」でもなく、かといって「国家所有」でもなく、まさしく「社会的所有」（管理、運営の問題として「所有」概念を把握したうえで）の対象領域として設定される。氏の「社会的共通資本」論において特徴的な概念は「制度資本」である。資本を私的資本と社会的共通資本に大別し、後者は、「自然資本」と「社会資本」とさらに、教育・金融制度・財政制度などの「制度資本」から成る。この点について宇沢氏は次のように述べている。

「社会的共通資本は、土地を初めとする、大気、土壌、水、森林、河川、海洋などの自然資本だけではなく、道路、上・下水道、公共的な交通機関、電力、通信施設、司法、教育、医療などの文化施設、さらに金融・財政制度を含む」。[8]

宇沢氏の主張の特徴は、金融・財政制度や司法・教育・医療制度などの「制度資本」を私的資本の活動領域である「市場経済」の領域から転移させて「社会的共通資本」に分類し、しかもそれらの制度資本を政府ではなく、市民達による独自の社会的管理、運営に委ねようとする点である。氏はいう。「社会的共通資本は、国ないし政府によって規定された基準ないしはルールにしたがっておこなわれるものではない。各種の社会的共通資本について、それぞれ独立の機構によって管理されるものであって、各機構はそれぞれ該当する社会的共通資本の管理を社会から信託されているのであって、その基本的原則はフィデュシアリー（fiduciary）の概念にもとづくものでなければならない」。[9]

④　市民社会は決して自律・自存的に存在しているものではない。つねに土台としての経済構造によって規制される社会であり、放置されれば市場の法則が貫徹していく社会なのである。したがって人間（市民）の諸アソシエーション、諸運動およびそれらのネットワークによって創り出されるものと考えるべきである。いいかえれば、市場原理ではない要素を強め、広め、深めていく、そういう意志をもった人々のアソシエーションによるヘゲモニー獲得の闘いの場でもある。

⑤　市民社会は、現代のようにグローバリゼーションとローカリゼーションが同時に進む時代においては、トランス・ナショナルな性格を滞びるのは当然である。つまり、一国の範囲を超えて、グローバルなレベルでグローバルな自律的連帯の生活空間をいかに創造できるかが現代市民社会の大きな課

題なのである。

6　市民社会と地方自治体

以上、大略五点にわたって現代の市民社会の要目・特徴を述べた。しかし具体的に私たちはこの市民社会をどこに見定め、創造すべきか。さまざまな考え方があるだろうが、先述したように私は、さしあたって「地方自治体」をこのための有力な拠点と考えている。

もちろん中央国家の「出店」といわれたかつての「地方」ではない。国家の一環を構成しながら相対的に自立し、自治が実現されている共同体（地方自治体）を市民社会の実体的基盤と考えてもよいと惟う。

しかし、日本の「自治体」の多くには、古代ギリシアやヨーロッパの中世都市のように、国家権力や外敵と戦い自治を確立し保持してきた歴史はほとんどない。むしろ中央集権国家の末端組織として組み込まれてきた負の歴史を持っている。[10] 歴史的にはそうであっても、戦後も六〇年以上を経ると、中央の一行政単位としての「市・町・村」ほかの「自治体」も、わずかずつではあっても、本来の「自治体」への生成の動きを感ずることができる。[11] しかも、「グローカリズム」という用語に看取されるように、国家の一部のローカル化（分権化）とともにグローバル化への志向――自治体が国境を越えて連携を結ぶような（ex. 姉妹都市）――も少なくない。また自治体内部においても、旧い血縁・地縁だけでなく、同好・同志によるアソシエーション、ネットワークも創られている。最近の地方分権化、（さらに最近では地域主権の提唱を政権党もマニフェスト化している）国際化（グローバリズム）の動向はこれらの傾向をますます推進している経緯は周知のとおりである。

二　現代日本の主体形成

1　高度経済成長と地域の問題

三池闘争の終焉による労働者ヘゲモニーの敗北は、資本、それと密接に結びついた国家のヘゲモニーに対抗するヘゲモニーの中核は労働者階級という一元的なものではなくなったことを意味する。断定的ではあるがこのようにいっても過言ではないだろう。三池闘争敗北後、実に一〇余年に及ぶ、六〇年代を中心に展開された経済成長は短時日の間に日本を経済大国に押し上げた。

しかし、その光の面（未曾有の豊かさの実現）と同時に影の部分にも注目する必要がある。すなわち、高度成長に伴う、外部不経済の多くは不特定多数の地域住民に押しつけられた。「公害」という名称はその事実の象徴である。そのほか、経済優先という国策のために、地域の自然や文化が著しく荒廃した例は枚挙にいとまがない。これに対する地域住民の反発・不満は大きかった。だが、すでに述べた状況（三池闘争の敗北）によって、労働運動もそれに依拠する革新政党も、そうした不満を統合して対抗ヘゲモニーを創出する活力を失っていた。

むしろ、対抗運動を担ったのは、六〇年代後半に簇生した、女性、学生、障害者、エスニック・マイノリティなど現状に対して異議を申し立てた非階級的なグループによる、ラディカルな運動であった。因みに、大規模な形での市民運動は、日本では一九五六年の警職法反対運動が最初で、そのときはじめて「市民」の呼びかけで労組や政党とは関係のない人々が知識人やジャーナリスト中心に組織されたのである。その後、六〇年の反安保運動の経験を経て六五年の「べ平連」においては市民運動は一層の展開をみた。なお「七〇年代初めの調査によれば、そのとき全国では三〇〇〇を超える数の住民運動が活動していると報告されている」（高畠通敏『現代市民社会論』世織書房、二〇〇三年、一七頁）。その目的、内容は多様で一括することはできないが、あえていえば、政治的課題よりも自分たちの身近な生活を守るために地域住民自らがこれまでの「支配の対象としての地域」を「連帯の場としての地域」に転換させようとする点で共通していたといえよう。このような運動に支えられ連動して、横浜、東京、大阪などの大都市にあい次いで革新自治体が誕生したことも中央中心に効率の名のもとに、列島を〝改造〟しようという国策に対する地域の反発の表われとみることができる。革新自治体の最盛期の七〇年代には実に日本国民の四〇％が革新首長の下で生活していたのであった。

こうした潮流と関連して、同じ七〇年代に入って、「地域主義」「地方主義」なる言葉が流行したことを記憶する読者も多いであろう。しかも、当時学際的な、「『地域主義』研究集談会」という緩やかな組織さえも発足し、世の注目を浴びたこともつけ加えたい。これについては多くの論文・著作が公刊されているがその主唱者の一人、三輪公忠氏は、次のような証言をしている。

「地方主義とは、国民国家と称される主権国家の国土内にありながら、一特定地方の住民が、その地方に固有な文化を共有しているという意識や、共通な歴史的体験の記憶のために、その地方の地域共同体に対して、特別な帰属意識を持ち、そのために政治的には中央集権化に抵抗し、地方的な自主自律の原則の回復・確立を追究すること」（三輪公忠『地方主義の研究』南窓社、一九七五年、六頁）である。

先述した革新自治体の簇生という、これまでになかった政治の潮流変化なども併わせ考えると、高度経済成長を一つの契機として、労働運動及び革新政党のヘゲモニーの凋落と反比例するかのようにして、地域、自治体への関心がにわかに強まり、そこを拠点にして、地域住民による新しい主体形成への胎動がはじまったと結論しても間違ってはいないだろう。

次に、以上の考察をもとにして、地域における主体形成の可能性を教育を中心にして探ってみよう。

2　社会主義の「終焉」と市民社会の再生

周知のように、八九年にベルリンの壁は崩れ、社会主義国家の殆どが消滅してしまった。それどころか、九一年には若きグラムシが人間の意志、主体性の結実として一時期大きな期待をよせたソ連邦も終に終焉したことも鮮明な記憶として残っている。私たちはそこからなにを学ぶべきであろうか。ここでもグラムシの思想からこの点を考えてみよう。

グラムシは『獄中ノート』のなかで、自然界の「発見」も、すでに自然のなかにあったモノを人間が追認するのではなく、人間の歴史的実践によって創り出された創造行為なのだという意味のことを述べている。ましてや社会的事象は全て人間の実践によって創り出されたものなのだ。彼の言葉で、端的にいえば、「客観とは歴史的主観」の集積なのだ。

ここから推測すれば、予め「社会主義」なる教条があって、これまた先験的に存在するプロレタリアートが、前衛党に主導された「革命」によってその教義を実現するのだという思考方式（客観主義）はグラムシの意想とは大きく外れているといわざるを得ない[12]。

ファシズムの時代、とりわけ獄中という状況を勘考すれば、用語についても様々な配慮があったことは想像できるが、彼が未来社会を示す言葉としては「ソチエタ・アウトレゴラータ」（「自己規律的社会」）が知られる。だが、この社会の構想について具体的に明示されてはいない。すでに触れたグラムシの用語で私なりに解釈すれば、市民社会の対抗ヘゲモニーの拡大によって、「政治社会」の市民社会への吸収につれ、そのプロセスのなかでのみ「自己規律的社会」の在り様が次第に創り出されていくのだ、ということになろう。グラムシはこれをマルクスの表現に因んで「国家の市民社会への再吸収」と表現している。したがって、市民社会における具体的な対抗ヘゲモニーの拡大のための実践こそが肝要であり、その時その場におけるヘゲモニー関係の変革のための実践のなかで、「自己規律的」人間が形成され、これらの人々のアソシエーションによって未来社会は創造されるべきものなのだ。官僚（ヘーゲル）であれ、プロレタリアート（マルクス）であれ、前衛党（レーニン）であれ初めから約束された人々が予めつくられたプランを実施していくのではないというのがグラムシの考え方のポイントである[13]。

ところで、市民社会とはヘゲモニーの抗争の場であると述べたが、より具体的にはどう捉えたらよいであろうか。これについてはすでに述べたところでもあるが、グラムシが自治体、コムーネを重視していたこと、そしてイタリアの伝統である自治体社会主義、さらにウェーバーの中世都市社会論に典型的に見られるヨーロッパの自治体思想などを勘案すれば、市民社会の具体的な場として日本においては（地方）自治体と考えてもよいと思われる。因みに最近のグラムシ研究によってもこの点が明

らかにされつつある。(14)

3　自治体におけるヘゲモニーの創成

七〇年代終わり頃から前述したように日本の社会構造は大きく変わった。概況を記せば、少数の可視の者（ないし集団）が多数の人々を一元的に支配するような仕組みではなくなっている。偏在する不可視のヘゲモニー関係が一般的である。七〇年代半ばに、第三次産業従事者が五〇パーセントを越え、「情報」「サービス」など非物質的な「商品」の産出システムが利潤追求の主要なメカニズムに転化して以来この傾向は一層拡大され深化している。それにもかかわらず、総体として「資本増殖」のメカニズムは様々な「自由」「個性」「多様性」を受容ないし宣揚しながらも自動調整的に作動している事態を認めざるをえないのである。

つまり、資本制システムの側のヘゲモニーは有効に働いているということである。しかも、つとにグラムシが予見したようにこのヘゲモニーの浸透の過程で、生産の領域のみならず、消費の領域（生活過程）においても、様々な「人間疎外」の状況（「窮乏化」の発現）を呈している――教育についていえば、いじめの陰湿化、校内（校外）暴力、「学級崩壊」の急増（八〇年代に入って、生命を弄ぶ殺人事件として凶悪化している）は、前述の支配的集団によるヘゲモニーに対する子どもたちの「非合理な」反逆であり、不登校（七〇年代半ば以降実数・率とも急増している。二一世紀に入っても問題は一向に解決の兆しが見えていない）、中退（ここ数年、その率は上昇している）は無言の抵抗である――にもかかわらず、この状況に異議を申し立てて、対抗ヘゲモニーを打ち立てようとする運動は分断され、統合されたヘゲモニーを結集するに至っていないのが現状である。

グラムシは支配的集団のヘゲモニーに対抗する側が分裂し、自ら力を弱めている状況を「トラスフォルミズモ」（変異主義）と呼んだが、この現状をいかに転換するか。その「場」を市民社会のどこに見出すか。これが現在の課題である。これに関連して伊藤公雄氏の次の課題設定は注目に値する。

「ヘゲモニー支配に対する対抗運動の第一の課題は、自らの固有性と共同性を奪還するために、それぞれの複数性と差異とを、そのまま複数性と差異として維持しながら、それらの間を調整する能力をいかにして獲得するかということなのだ。資本制システムの側の『戦略的化学変化』＝分子状に広がる対抗へゲモニー運動の回収に対抗し、運動の固有性・自律性・自由を保障するとともに、そのエネルギーの解放を促進しつつ、それを調整する、機能的な多中心性をそなえた『闘争機械』（ガタリ）の形成が、対抗ヘゲモニーの運動にとって、今、問われようとしている[15]」。

この伊藤氏の提言に私は賛意を表したい。ただし、氏はこれ以上の具体的提言を示してはいない。そこでどう「調整する多中心性をそなえた『闘争機械』」を形成するか。この時、やや短絡的とはいえ、一つの有力な先例として後節で紹介、検討する「コ・プロダクト」構想が浮上するのである。

冷戦構造の崩壊、五五年体制の変質によって、現代は七〇年代の状況とは大きく変わり、少なくとも、ナショナルレベルにおいても、教育の論議以前の不毛な「イデオロギー」対立は弱まり、大勢は教育の「病理」に対して教育をどう変えるかという方法と内容をめぐる対立に転じていること。しかも、この場合の「教育」も、学校だけでなく、生涯教育（学習）に拡大され、学校以外の多くの人々にも関心が拡がっていること。そして、なお中央集権の圧力が強力であることは否定できないが、地方自治体も七〇年代当時に比して飛躍的に力量を増し、むしろ国ができないことを突破して取り組もうとしている例（公務員〈管理職〉への外国籍市民の採用など）も多い事実などが直ちに指摘できる。

如上のような最近の状況変化に基づいて私が注目するのは、各自治体の生涯教育（学習）についての「策定」ないし「推進」のための「委員会」である。とりわけ、そこにおける市民（団体）と行政側の協働（コ・プロダクト）の機能である。後論するが、この委員会（コンシリオ）を継承・発展しかつ具体化すれば、伊藤氏が設定・提言する「調整」の役割を、そこにおける「コ・プロダクト」の機能に期待できるのではないかと惟うのである。詳述する用意はないが、要目を述べてみよう。例えば、地域の諸団体の要求をそこで討議し「調整」するといっても、団体の代表や地域住民たちが集い交流するための一定の「公共」の機会と場が不可欠であり、情報交換、そのための予算も必要である。その仲介の作業と場の提供をまずは行政に分担してもらうのである。[16]

しかしながら、「コ・プロダクト」などといってみても、意味、態様は多種・多様であるが、次のことは留意されるべきである。たとえば、従来しばしばみられたように、行政側が「叩き台」をつくり、委員が多少とも意見を述べて、それで、多少の文言の訂正程度で行政側の素案が委員会の決定案に変じてしまう場合などは、極めて形式的な「市民参加」でしかない。そうではなくて、「白紙からのマスタープラン」づくりが眼目であり、委員選出も各団体の代表の外に、積極的有志の参画のために「公募」委員の選出の保障、加えて行政側が保有している情報の完全公開、会議・議事の公開性などが「コ・プロダクト」のためのミニマムな条件である。さらに、市民が行政職員のプロとしての能力（情報収集・ノウハウの習得など）とイコールパートナーとしてやっていくためには市民全般の一定の力量アップ、そのための学習と調査の機会の保障も不可欠である。

私が多少とも現実にかかわり、あるいは見聞した限りでいえば、各自治体では「コ・プロダクト」に向けて様々な実践が試行（ないし志向）されている。しかも、行財政改革のためもあり従来、行政が行うべき領域が市民のボランティア（意志・行動）にうけわたさざるをえない面が増大している。いいかえれば、地域の人々がこうした状況を冷静にうけとめ、積極的に関わることによって様々なレヴェルでコ・プロダクトが実現する可能性が大きいのである。この過程で、「地域の人々」が「自律した市民」に転成し、同時に行政の任務の基本も市民活動の支援に徹するように変容することが期待される。

もちろん、私が関わっている分野は、教育という限定された機能、空間であるが、これらの状況を集約すれば、「コ・プロダクト」に基づく「調整」、そしてそのネットワーキングによって、まずは自治体という市民社会の一角から新しい対抗ヘゲモニーが形成され、それが次第にナショナルなものに接合されていけば、「ソチエタ・アウトレゴラータ」の創造も不可能ではないと思われる。[17]

三　市民社会の主体形成とＮＰＯ

１　ＮＰＯの意義

市民社会の主体形成の中核はボランティアに基づくＮＰＯである。そこでＮＰＯの意義について述べておきたい。

第一に、地域社会の主人公である自立（自律）した市民を形成するためである。地方は中央の「出店」であるとする明治以来の「中央―地方」観は論外であるが、戦後になっても憲法に「地方自治の本旨」（第九二条）が謳われたにもかかわらず、戦前の地方観は完全には払拭されなかった。それどころか、高度成長期には「霞が関でボタンを押せば、全国にランプがつく」といわれたほどに、中央集権化がよみがえっていた。

しかし、高度経済成長政策の終焉とともにその政策の負の面（公害など）も露わになるにつれて、地域への関心も徐々に回復し、財政の行き詰まりの打開のためにも「地方分権」の動きが活発になってきた。もちろん楽観は許されないが、二一世紀は再び「地方の時代」を展望することができるのではないかと思われる。

ところで、自立・自律の市民とはどのような人間であろうか。わかりやすく言えば、自分や自分の家族のことを考えるとともに、地域や国、そして広く国際的視野も広げることのできる人間と捉えたい。要するに、「私」という個と「他者」との関わり、つまり「私」と「公」の双方を統一的に考え、自分の判断で行動できる人間が市民である。

戦前・戦中は、ホンネはともかくタテマエは「滅私奉公」が国民の目的として喧伝された。逆に、戦後は「滅公奉私」（ミーイズム）の傾向が強くなった。明治以来のふるい共同体から、とりわけ国家の抑圧から抜け出すためには、「国」や「公」を拒否して「私」を強調することは必然的かつ必要なことであった。しかし一方的な「私」の強調だけではやはり社会は成り立たないことも事実である。社会の成熟化とともに「私」の実現のためにも「私」と「公」の調和が不可欠なのだと気づく人々が増えてきた。

ただし、この場合に外部から、とりわけ国家権力やその他から、説教されたり、「私」の犠牲というかたちで強制されたり、「滅私奉公」が押し付けられる場合は、拒絶反応を起こすだけだろう。それはまた歴史の逆行でもある。あくまでも個人の自覚と意思に基づく行為でなければならない。

ところで、NPOの基底にある「ボランティア」とは元来「意思」という意味であるが、このボランティア活動のなかに、「私」の意思による個の実現が「公」に通ずるという可能性が見られる。たとえば、ボランティアネットワーク論の元祖金子郁容は「ボランティアは他人のために始めたつもりの行為や仕事がいつのまにか私のためになっている不思議な関係だ」と言っている（金子郁容『ボランティア・もう一つの情報社会』岩波新書、一九九二年、一一六頁）。大変示唆的なことばである。ボランティアに携わった多くの人々も同様の体験談を共有しているに違いない。つまり、そこに自らの意思による私＝公の関係が成り立つといってもよいのではないか。

NPOは基本的にはボランティアを核にしている。つまりそれは非営利的な事業を行いながら、たえず「私＝公」の関係を確認し、その関係をつくり出している人間の実践と見ることができる。いいかえれば、前述の自立し、自律した「市民」の形成がそこで行われているということである。たとえ利潤は少なくとも、社会に有意義な（公）行為・仕事を自らの意思でやる。それが自分（私）の喜びとして返ってくる。このようなNPOの本質が、単に国により付与された行政区の「地域住民」を、自立・自律の市民に転成することになる。NPOの第一の意義はここにある。

第二に、NPOは、明治以来の日本の国権主義や、最近になって奔流のように教育界を襲っている市場原理主義という二つの思想、現実を批判し、それらを超えるために、個々の市民の意思による新しい領域（組織・空間・関係）を創りだそうとしている。

近年日本では、世界経済のグローバリゼーションの流れにそって、戦後教育の理念をドラスティックに転換しようとする「ネオ・リベラリズム」の改革が推し進められている。これは、一九七〇年代から八〇年代にかけてまずはイギリスのサッチャー政権、続いてアメリカのレーガン政権によって進められ、日本では当時の中曽根首相を中心とする臨時教育審議会（一九八四年設置）によって導入された政策である。

たしかに、経済成長によって一定の成熟（化）社会が到来した結果、豊かになった人々により規制緩和や自由化の主張が共感された面もあった。また中央集権的教育体制を突き崩す政策として、教育界でも歓迎する人々が多くいたに違いない。つまり規制緩和とは「行政、官僚による規制や規則をとっぱらい、お上の意向をうかがいながら行動してきた日本人の過去の生活パターンと決別し、自律した自己責任社会を到来させようとする政策だ」とシンプルに受け止めてしまったようである。そうではなく、その本質は「すべて市場メカニズムに任せればうまくいく、強者も弱者も、大も小もいっさいの区別は必要はない」という「市場競争原理至上主義」にある（内橋克人『経済学は誰のためにあるのか――市場原理至上主義批判』岩波書店、一九九七年、四頁）。

もちろん、一定の競争は否定されるべきではないし、民間の教育産業が「公」的でないという断定も一面的である。しかし現存する格差をそのままにして市場競争を徹底しようとすれば、当然に格差は拡大し、社会的公正は失われる。実際、このような意味での自由化・規制緩和によって日本の格差は拡大化傾向にある。

留意すべきは国家に奪われていた教育の権限、機能を開放すべき場は、市場だけではないということである。地域社会に即して考えてみよう。これまでの事業は主として、公的資金（税金）によるもの、営利事業によるものの二つによって担われてきた。それにわずかながら市民のボランティアによるものがあった。NPOは、ほぼ前二者に限定されていた領域（空間）に第三の領域として入り込み、拡大しようとする市民の意思の結晶である。国家（地方公共体）でもなく、また市場社会でもなく、自立した市民による事業活動の場を創りだし、拡大しようとする野心的試みである。もちろん、これら三つの活動にはそれぞれ固有の役割があり、互いに代替不可能な面もあろう。しかし今後NPOの活動領域が一層拡大されることが望まれる。

ここで問題になるのは、行政活動として行われてきた「社会教育」とNPOとの関連である。前者もまた「公」を目ざし、地域住民の立場に立つことを目標としてきたからである。

戦後、公民館を主とする社会教育の果たした意義は極めて大きかった。この点はいくら強調しても強調しすぎることはない。しかし高度経済が終焉した七〇年代半ばから始まった「ポスト産業社会」

への移行の頃から、生涯教育、生涯学習の語が好んで用いられるようになり、他方で社会教育の停滞が叫ばれ、その「終焉」（松下圭一）さえ語られるようになった。これには様々な原因が指摘されているが、あえていえば、「前期戦後」の社会教育が成熟（化）時代に適合しなくなったのに、当事者たちはそのことに鈍感だったということではないだろうか。

今、求められるべきは、前述の三つの領域のコ・プロダクト（協働）であろう。とくに社会教育とNPOとのコ・プロダクトは重要である。しかしそれは具体的に論じられなければ余り意味がない。その点については私たちの共同研究の成果である『NPOと社会教育』（東京都立三多摩会社教育会館、二〇〇〇年）の各論稿を参考にしていただきたい。もちろん、NPOによって地方自治体の財政的行き詰まりをなんとか打開したいという面もあるが、決してそれにつきるものではない。市民が自らの居住空間を財政的にも国家から自立させ、制度上の「地方自治体」を本来の意味の「自治体」に転成することにNPOのもう一つの重要な意義がある。またNPOによる活動領域の可能な限りの拡大によって、ネオ・リベラリズムがもたらす市場原理至上主義を市民によってコントロールして、地域社会における市民の連帯を回復し、社会的公正の社会を再建しなければならない。

2　生涯学習の計画・策定、コ・プロダクト

自治体が市民社会だと言っても、「生涯学習」の推進を託されている関係者にとって、一体どこから、そしてなにから始めるべきかという問題に答えることが必要である。さまざまな見解があるだろうが、まずもって私が注目するのは、各自治体の生涯教育（学習）の「策定」ないし「推進」のため

の「委員会」である。生涯学習は自治体が真の自治の政体つまり市民社会転成のための不可欠の要件である。

そこにおける市民（団体）、アソシエーションと行政側の協働（コ・プロダクト）の機能に注目したいのである。つまり、地域社会の諸団体（アソシエーション）の要求を討議し、「調整」することが必要であるが、それを媒介する「場」が求められる。そのための情報、予算も必要である。その仲介の役割と場、それなりの情報提供を当面は自治体の行政側に分担してもらうわけである。

ところで、「コ・プロダクト」の内容について一言述べておきたい。たとえば、従来しばしば見られたように、行政側が「叩き台」なるものをつくり、各委員が多少の意見を述べて、若干の文言の訂正程度で行政側の案がほぼそのまま委員会の決定案になってしまう例などは、極めて形式的な「市民参加」でしかない。そうではなくて、「白紙からのマスター・プラン」づくりが眼目であり、そのためには委員選出も各団体の代表のほかに、積極的有志（自立・自律した市民）の参画が不可欠である。「公募」委員の選出（東京都国分寺市の例など）の保障、さらに行政側が掌握している情報の完全公開、会議・議事の全面公開などが「コ・プロダクト」のためのミニマムな条件である。さらにプロとしての能力（情報収集・実務処理能力など）を有する行政職員とイコール・パートナーとしてやっていくためには、市民全体の力量アップ、そのための学習と調査の機会も保障されるべきである。

私が現実に関わり、あるいは見聞した限りでいえば、各自治体ではこうした「コ・プロダクト」に向けて様々な試みが試行されている（小金井市生涯学習推進懇談会、一九九六年〜一九九八年、後述）。しかも、行財政改革のために、これまで行政が担当してきた機能・領域が市民のボランティア（意思と行動）に委譲せざるを得ない面が増大している。言いかえれば、現在コ・プロダクト実現の可能性が大きくなっているのである。このコ・プロダクトに多面的に参画することによって、「地域住民」が前述したような「自立・自律した市民」に転成する可能性が大きくなっている。同時に行政の任務も市民活動の支援を主とする方向に変革することも期待できるであろう。グラムシの言葉を用いれば、市民のヘゲモニーの実践である。これが主眼である。

地方分権とは、しばしば指摘されるように、中央の官僚の権限の一部を地方の官僚に移管することだけではない。ひとまず、それを前提・媒介として、地域住民が直接国に吸収された権限を奪い返し、その権限を行使して、自らを「市民」に自己変革し、地方自治体を文字通りの自治体に変え、市民社会を創造するヘゲモニー的実践である。そして市場原理至上主義が席捲する今日の社会状況をチェックし、市民社会の管理（制限）の下に置くことが目的である。

いま生涯学習は、ＮＰＯを中核にしつつ、そのための市民形成の主務を担うことが強く期待されている。その有力な具体例として私が座長として積極的に参画した東京都小金井市の「生涯学習推進懇談会」の『提言』を次に紹介し、本章の総括としたい。

［追記］協働（コプロダクション、コ・プロダクト）について

――「協働」とはなにか、「協働」観の台頭（東海大学教授荒木昭次郎氏講義より）――

〈荒木氏の論は、昨年度（一九九七）の報告の中でもたびたび、引用させていただいた。今年（一九九八）度は講師として、直接話を聞くことができた経緯もあり、昨年（一九九七）度不明確であった

「協働」という語を、再度捉え直してみたい。

荒木氏は、その著「参加と協働」(ぎょうせい、一九九〇年)の中で、「協働」とは、市民と行政が対等の立場に立ち、共通の課題に互いが協力しあって取り組む行為システムである、と述べている。それを作動させるためには、市民と行政が共に考え、話しあって協働する「場」の設定とその「組織化」が必要となる。この市民=行政関係の創造こそが真の自治の息吹となり、九〇年代における自治行政の最重要課題と予測している。また、その発想は、インディア大学のヴィンセット・オストロム教授が発想した「コプロダクション概念」をヒントに得て書かれた、と冒頭で述べている。そして、この「コプロダクション」という日本ではほとんど知られていない横文字造語を概念として、「参加と協働」を書いた背景として、次の四点をあげている。(「コプロダクション」(Coproduction)とは、一九七七年、前述オストロム教授が「地域住民と行政職員とが協働して自治体政府の役割を果たしていくこと」の意味を一語で表現した造語である。)

まず第一に、戦後日本の地方自治は一九八七年で満四〇年に達し、(一九八八年現在では五〇年に達したが)確かにそれなりの自治行政観を定着させてきた感があるけれども、全体的にいま一つすっきりしない状況と脆弱さがあり、それらを乗り越える新たな発想が、現在求められているのではないか。もしそうならコプロダクションの考え方は、現代地方自治の不透明な部分を取り除き、新たな地方自治行政のパラダイムを提供してくれるのではないか。

第二に、現代は脱都市化社会の様相を濃くしてきており、相互依存性の強い密度が高い社会になってきているけれども、それに見合う自治行政のしくみやそれを作動させる自治的エネルギーの結果という面では、いまだその体系化がなされていないのではないか。もし、そうならば、コプロダクションというアイディアは、地域住民のエネルギーを社会化して、行政との協働を意図しており、既存の仕組みを再構成するとともに、再構成された仕組みを作動させる条件をも提示してくれるのではないか。

第三に、自治行政のあり方をめぐっては、参加・分権・自治を基本にすべきとの理念が昭和４０年代当初より強く叫ばれ、その結果、今日ではそれが自治体の基本構成や長期計画などの文章表現にしばしば登場するようになってきているけれども、いまだそれは空疎な響きでしかなく、地に着いた生活者感覚のレベルにまで浸透していない。その点、コプロダクションは、もともと、市民と行政との協働を狙いとしており、その中に参加・分権・自治という基本理念は内包されているために、コプロダクションの推進こそ自治理念を現実化する構図になるのではないか。

第四に、自治行政の特質は、市民生活に直接かかわる現場の仕事という点にあり、それゆえ、市民と行政との還流作用が円滑に働く環境の創出が課題になっているけれども制度条件や中央政府による行財政上の統制によって必ずしもその課題に応えているとはいいがたい。おそらく、その点についてもコプロダクションは市民自治にねざす自治行政を創出してくれるのではないか。こうした狙いを込めて、今日の社会に見合った地方自治の構図をやや挑戦的に描きだそうとしている、と述べている。

もちろん、ここでいう「今日」「現在」とは一九九〇年すなわち八年前のことであり、今や地方自治制度は五〇年を経過するにいたった。この著が出された八年前から今日に至るまでの地方自治の流れをみると、具体的には一九九五年の地方分権推進法の施行（五年の時限立法）に始まり、九六年三月に地方分権推進委員会「中間報告」、同年一二月地方分権第一次勧告、その後の第二次・第三次報告と、荒木氏の示唆したコプロダクションの「方向性」というものは、概ね間違っていなかった、といえるのではないか。特に、地方分権推進の潮流の中、中央から地方への権限移譲のみならず、真の狙いである「住民自治」へ向けて、住民と行政の「協働」のあり方は非常に注目されてきているのである。〉（先灘朋子「住民と行政の共同体制の可能性を探る」、平成九年度調査研究事業報告書「地方自治と社会教育」Ⅱ東京都立多摩社会教育会館、平成一〇年、先灘氏は、共同研究「ＮＰＯと社会教育」（前出）の委員の一人である。因みに荒木氏は協働をコプロダクションと訳されているが、私の訳語はコ・プロダクトであるが内容は同じと考えてよい。）

四　自治体と生涯学習プラン――東京都小金井市「生涯学習の推進について」――

対抗へゲモニーの拠点を私は自治体にみる。しかし、日本の自治体はもともと国家による行政の区画によってつくられた「地域」であって、自治の政体（市民社会）になっていない。したがって、課題はこれを本来の自治体に編成しなおすことである。

その方法は様々であるが、その編成を生涯学習によって行うべきだと考える。すでに述べてきたように、地域の住民が自治の政体＝自治体、いいかえれば市民社会を形成するためには生涯学習が有効である。そのために、近年多くの自治体で作成、提言された生涯学習プランに私は注目する。それは、自分たちが生活する「場」を捉えかえしそれをどのようなアソシエーションに編成するかについての具体的プラン、手だてだからである。

その方法は、もちろん、地域住民が自発的につくり出すべきであるが、残念ながら現在のところ、地域住民だけでそれを実現することは困難である。どうしても行政の支援が必要である。これまで述べてきた用語でいえば、まずは住民と行政の「コ・プロダクト」によってプランの作成が現実に可能になる。より具体的にいえば、まずは行政の発案・要請を受け止め、住民がそれに積極的に参加し、「コ・プロダクト」のかたちをとりながら、次第に住民のヘゲモニーによって住民自らのプランを作成するのが眼目である。このようなプロセスのなかで、住民は市民に転成し、地域社会は市民社会に形成されていくのである。以下、私の経験によって具体的に述べよう。

私はこれまで行政の要請によって横浜市、山梨県の生涯学習プランの作成にかかわってきたが、そのなかで、小金井市の場合が「コ・プロダクト」の点で私の理念に近いものであった。そこでの経験に触れながら対抗ヘゲモニーの具体的事例を述べてみたい。

1　経緯

一九九六年七月に市長ならびに教育委員会から「小金井市にふさわしい生涯学習の推進のための〝理念と構想〟について」の審議要請を受けた。審議を重ね、一九九八年七月にその結果をまとめて、提言「小金井市における生涯学習の推進について」（一九九八年七月二三日、以下「提言」と記す）を市長、教育委員会に提出した。審議要請、設置要綱、委員審議経過については「提言」の「資料」を参照されたい。

2 概要と特色

概要については、「提言」の「目次」および「概要」を参照されたい。提言は(1)「小金井市が目指す生涯学習社会」(2)「生涯学習社会のネットワーク」(3)誰もが参加できる生涯学習(4)「生涯学習の推進」の大きな四つの柱からなっている。特色としては、次の4点である。(1)生涯学習の推進における市民のNPOを通じた行政との協働（coproduct)、(2)学習的に不利な立場に置かれた人々（「弱者」）への配慮にもとづく受益者負担の原則、(3)市内全ての学習機関のネットワーク、(4)NPO方式による協働の組織としての生涯学習支援センターの設置。以上の特色を「提言」によって説明しよう。

3 特色の説明

行政との協働（co-product)

この点は会長としての私がもっとも力を置いた特色である。私は「はじめに」において次のように述べた。

生涯学習を国家的教育政策の支柱に据え、それを推進しようとしたのは臨時教育審議会である。一面において個々人の生涯学習の選択の拡大、つまり一層の人間の自由の宣揚という意味では評価されるだろう。

新自由主義と新しい対抗の潮流［臨教審と新自由主義］

しかし、その方法は当時のイギリスのサッチャーリズムやアメリカのレーガノミックスの主導理念とされた「新自由主義」、つまり、市場主義の教育への適用という側面もあった。自由の宣揚と言っても、現存する社会的「格差」に目をふさぎ、自由な競争を全面的に展開すれば格差は一層拡大し、社会的「弱者」は学習においてもますます不利な立場に追い込まれることは明らかであろう。この懸念は、臨教審の答申以来繰り返し表明されてきたが、十余年後の今日も拭われていない。つまり、この点に関する臨教審批判は依然として現在も有効なのである。

［新自由主義と新しい対抗の潮流］

ただし、批判者の多くは、概して公的保障の必要性を説くだけで、財政危機の事態に有効な具体的対案を提示してこなかった。こうして八〇年代は世界的にも新自由主義の圧倒的優位の下に過ぎたといえよう。社会主義国家の崩壊、福祉国家の行き詰まりもこの流れを促進した。ようやく九〇年代に入り、我が国のバブルもはじけて、新自由主義の矛盾も顕在化している。それに伴って、以上の流れに対する逆流も生じつつある。それは、自立、自助努力、ボランタリズムを尊重しつつも、それを企業の営利活動だけに収斂させるのではなく、自然との共存をもとに自立した個人が共存し、連帯する社会の形成に導く流れである。たとえば、非営利セクター、ボランティア集団（ＮＰＯ）の簇生、中央行政権力の地方（地域）組織への分権化によって現存の国家の在り方を変えていこうとする、世界各地の潮流にも注目したい。わが国でも同様な動きが見られるようになった。一端はすでに述べたところである。（「提言」二三～四頁）

具体的提言は次のようである。

ＮＰＯを基礎とする行政と市民の協働生涯学習事業の運営は地域社会で重要な役割を演じるＮＰＯと協働することが望ましい。またＮＰＯそのものについても地域の生涯学習のテーマとして学習の対象とすべきである。

［地域社会におけるＮＰＯの存在意義］

多様化・複雑化した現代では、行政だけでは対応しきれない部分も出てくる。そこにフットワークの軽いＮＰＯの存在意義があるといえる。

日常のなかで、自発的あるいは自然な非営利活動は市民自身に大きな利益を与えている。市民の相互依存は Non Profit Individual であれ、NonProfit Organization であれ空気のように大事な物であるが、日常性のなかで空気のようにありがたみを感じにくいものである。そこで、意識して生涯学習プログラムの中でその意義を実感する必要がある。そのために生涯学習プログラムを実践する必要がある。

［市民と行政の協働］

小金井市の生涯学習事業は、市民と行政の協働で運営されることを特徴とする。市民は、単に学習者としてだけではなく、積極的に企画、運営にかかわる権利と義務を有するものである。

市民が自ら住む地域のことに、自ら責任を負うことは本来の市民社会のあるべき姿である。生涯学習のテーマとして、ＮＰＯそのもの、協働そのものも取り上げ研究すべき所以である。

実際の協働（co-product）相手としては、ＮＰＯが望ましいであろう。

［ＮＰＯへの積極的支援］

現在、市内で活動している市民団体の大半は、経済基盤が弱く、構成人数も少なく、事務局も持っていない。

このような団体が協働相手のＮＰＯとして育つには、物心両面のサポートは必要である。前述のように、プログラムとしてＮＰＯの意義やマネージメントを学ぶだけでなく、集会室や作業室等の施設の提供が必須である。

さらには、講座や運営事務の一部を有償で委託するなど、行政とＮＰＯが対等な立場で協働できるよう積極的な支援を行うべきである。

受益者負担の原則

この点は委員にも異論があることを懸念したが（障害をもつ委員を含めて）全員が賛成であった。要点については意見をまとめた「はじめに」の拙稿を以下に引用する。

自立（自律）の思想と「受益者負担」の原則［『受益者負担』の思想］

私たちは、現代の生涯学習の思想、その日本的受容、そしてその後の世界とわが国の政治や経済・社会の新しい潮流を学びつつ、小金井市の生涯学習推進のために「受益者負担」を原則にすることを定めた。これまでの社会教育の常識からは唐突な感を抱かれる人々も多いかもしれないが、東京都も小金井市も受益者負担については部分的に触れてきた経緯もある。私たちはなによりも市民の「自立」を尊重し、それを生涯学習の原則に据えたいと考える。その覚悟をまずは「受益者負担」という言葉で表現したのである。つまり、自らの固有の人生の現実のために学ぶ「コスト」を自ら引き受けていくことを原則的に確認したのである。

［社会的「弱者」への配慮］

しかしながら、地球人として、国民として、都民として、小金井市民として当然学ばなくてはならない学習内容、方法の習得、そのために必要不可欠な費用（ミニマムエッセンス）に対してはやはり公的な保障を充分に配慮することは当然である。同時に、様々なハンディを負っているために生涯学習に参加できない人々、困難を伴う人々、自分の責任以外の理由で著しく不利益を被っている人々には、公費による支援を行うことを特記しておきたい。前述のミニマムエッセンスもその内容をどのように規定するかは難しいところであるが、これについては、財政事情や他の自治体との比較などを基に慎重に決める必要があろう。さらにそのためには、市の財政について市民自らによる厳しいチェックが不可欠である。行政のチェックと改革を市当局に要請するためには、市民の側にも自立の姿勢が要求される。「受益者負担」の原則という表現にはこの市民の自立の決意が込められている。（「提言」四～五頁）

学習ネットワーク

私はこれまで地域の再生の不可欠の要件として学習機関のネットワークをくりかえし提言してきた。小金井市においても、私は co-product とともに「提言」のキーワードに据えた。この点についでは「まとめ」の部分を引用しよう。

まとめ　――諸教育機関の連携と生涯学習情報ネットワーク――

市民の生涯学習に対する多様な要望に応えるために、施設や人材（講師、インストラクター）の面から考えても、現状の小金井市の社会教育施設や組織を（公民館、図書館、体協等）有機的に連携して運用することが必要である。また、社会教育と小中高、専門学校、大学等、市内の学校との連携や各種の企業やボランティア団体が行っている生涯学習生活を活用することも欠かすことができない。

このように複雑、多岐にわたる施設や既存の組織とのネットワークの構築が必要である。これらの事業を推進し相互的にまとめる組織として「生涯学習支援センター」（後述）が考えられる。

この組織の職員は、情報処理能力を有するほか、生涯学習への理解があり、それぞれの施設や既存の組織の内容について熟知している必要がある。

単に社会人対象の講座を考えるだけではなく、小中高における学校教育を支援し学校教育だけでは不足な部分を補うことも望まれる。

以下に小金井市が取り組むことが期待されている主な項目をあげる。

①小金井市の社会教育組織の有機的な活用

②学校教育や各種の生涯学習プログラムと連携した多様な生涯学習事業の推進
③各種生涯学習関連のネットワークの構築
ネットワークの構築・運営には生涯学習支援センターが1つの候補となる
④職員や指導者などの人材育成
⑤学校教育の活性化への貢献
学校教育だけでは不足する部分（特に社会や地域との連携を取り入れた教育）の支援――特色ある中高一貫教育の推進を検討（「提言」三六～三七頁）

4　生涯学習支援センター

委員全員がプランを具体化するために熱望したものである。「提言」においても、「協働」の方式を軸に、財団法人の設立が詳しく提言されている。ここでは「概要」からその部分の引用にとどめる。

生涯学習の推進

①生涯学習事業の推進はその核となるものが必要である。その一つは施設（計算機ネットワークを含む）―ハード面での核、もう一つは情報・人間―ソフト面での核である。
②名実ともに核となる存在として生涯学習支援センターの設置が求められる。これはこれまでに各章で述べてきた内容を実体化するものである。
③その機能は、⑴情報提供と受付け、⑵現存の生涯学習組織の支援、⑶新たな生涯学習企画の立案、

(4)公聴・調査、(5)広報、(6)生涯学習コーディネーターの育成・紹介、(7)講師の紹介、派遣、(8)その他生涯学習に関する事項を担当する。
④運営に当たっては、(1)小金井市の生涯学習の理念の尊重、(2)市民と行政の協働（NPO方式）を原則とする。その組織は自主自律性を尊重し市から独立したものである。しかし、行政が支援しなければならない組織である。
⑤自主・自律・自由で個性的、多様な生涯学習活動を推進するためには、市民は財政においても一定の役割を担う。これは受益者負担の原則によるが、公民館や図書館の活動は従来どおり行政の負担による。また、この原則により学習機会が制限されている人たちには、救済措置を施すことは当然である。
⑥行政において生涯学習支援センター準備室を早急に設置し、本提言の実現に向けて努力して頂きたい。（「提言」XIV頁）

小論の総括にかえて

人間の本質が国家に疎外されている。この疎外の状況を回復しなければならない。マルクスはこれをプロレタリアートによる国家の変革、つまりプロレタリアート独裁によって国家をプロレタリアートの管理下に置くことに求めた。

しかし、マルクスの考えとは異なり、現実には党独裁、中央委員会独裁ついには個人（スターリン主義）の独裁に行きついた。その要因には、マルクスのプロレタリアー観がある。つまり、プロレタリアートは理念的、現実的に予め正しいとされた。ヘーゲルの「具体的・普遍」の概念からマルクスが錬り上げそれを体現するものがプロレタリアートとみなされたからである。「ベルリンの壁の崩壊」はこの誤りを白日のものにさらした。[18]

グラムシは、この世に予め絶対的なものが存在するとは考えなかった。意識の進んだ人間―知識人と普通人（大衆）が交流しながら全ての人間が知識人になることを求めた。そのプロセスのなかで疎外の回復を意図した。これを彼は「国家の市民社会への再吸収」と定式化する。

国家を再吸収する「場」は市民社会である。グラムシは吸収の営為をヘゲモニーという。つまりヘゲモニーによって、国家に奪われている人間の本質を回復する。そして、自由で平等な人間の関係＝アソシエーションをつくり出さなければならない。グラムシはこう考えた。

グラムシは当初は、生産者社会（工場）に、プロレタリアートによってこのアソシエーションをつくろうと考え、工場評議会運動を展開した。しかし、この運動は挫折した。それは資本のヘゲモニーがプロレタリアートのヘゲモニーを圧倒したからである。

グラムシは、獄中で市民社会におけるヘゲモニー関係の変革こそ新しい社会（アソシエーション）生成の要件であることに気づく。具体的には、市民社会のあらゆる場における組織を日常的に新しいアソシエーションに組みかえるヘゲモニー的実践である。[19]

私は具体的なヘゲモニーの対抗の場を日本の自治体に見る。日本の自治体を市民社会に変革する具体的手だてを私は各自治体の生涯学習プランの策定に見据える。そのプロセスで、地域住民は市民に、そして自治体は市民社会に変革される。その場合に有効な方法は行政との敵対ではなく協働（co-pro-duct）である。このプロセスによって市民がヘゲモニーを獲得しながら市民社会を実現するのである。グラムシの「国家の市民社会への再吸収」は具体的にはこのように遂行されるのである。こうした「再吸収」をナショナルなレベルにネットワーク化するとき、国家は市民社会に吸収され新しいアソシエーションが形成される、人間の疎外は次第に回復されるのである。これが本章の結論である。

注

（1）大内力「現代資本主義の危機と主体の喪失状況」（『情況』一九九九年七月号）。
（2）拙稿「戦後日本の教育を問う――ポストモダンの視界から」（『理想』六五六号、一九九六年一一月）など。
（3）拙稿「市場主義ではなく市民主義の教育改革を」（『世界』二〇〇〇年六月号）。
（4）内橋克人編『経済学は誰のためにあるのか――市場原理至上主義批判』（岩波書店、一九九七年、三一四頁）。
（5）拙著『人間の疎外と市民社会のヘゲモニー　生涯学習原理論の研究』（大月書店、二〇〇五年）三七四～四五〇頁。次の書も市民社会を総体的に論じたものとして参照されるべきである。山口定『市民社会論　歴史的遺産と新展開』（有斐閣、二〇〇四年）、なお近刊としては、植村邦彦『市民社会とは何か――基本概念の系譜』（平凡社新書、二〇一〇年）が読みごたえがある。
（6）浅野清・篠田武司「現代世界の『市民社会』思想」八木紀一郎・山田鋭夫ほか編著『復権する市民社会論』（日本評論社、一九九八年）二八頁。
（7）同上、三二一頁。

（8）同上、三三頁。
（9）同上、三三〜三四頁。社会的共通資本については次の書も参照されたい。宇沢弘文・茂木愛一郎編『社会的共通資本・コモンズと社会』（東京大学出版会、一九九八年）、宇沢弘文『社会的共通資本』（岩波書店、二〇〇〇年）。
（10）この辺の詳しい考察については拙著『社会教育論序説』（八千代出版、一九八一年）第九章「地域教育と社会教育」を参照されたい。
（11）その一例として次の拙稿を参照されたい。「生涯学習時代のNPO――市民社会の再生のために」（田畑稔ほか編著『アソシエーション革命へ』社会評論社、二〇〇三年）。
（12）この点については拙著『現代に生きるグラムシ　市民的ヘゲモニーの思想と現実』（大月書店、二〇〇七年）第Ⅲ部第一章を参照されたい。
（13）この点については松田博氏も、労作『グラムシの研究の新展開』（御茶の水書房、二〇〇三）において本文のような文脈でしばしば言及している。例えば、同書、一一九頁。一三五〜一三六頁、一六九頁の叙述を参照のこと。
（14）この点については、次の拙稿を参看されたい。「ヘゲモニーと教育・市民社会と主体形成」（八木紀一郎ほか編『復権する市民社会論』日本評論社、一九九八年）第五章。
（15）伊藤公雄「権力と対抗権力――ヘゲモニー論の射程」（『権力と支配の社会学』（岩波書店、一九九六年）一一七頁。
（16）この間の状況の一端については、私どもの共同研究の報告書『地方自治と社会教育』（東京都立多摩社会教育会館、一九九六―八年）を参看していただきたい。
（17）かつて、私は山梨県の生涯学習審議会の会長を仰せつかり、一〇余名の市民代表と討議の上に『提言書』を知事に提出した（二〇〇四年一一月）。これも、私としては、市民（県民）と行政との一種の「コ・

プロダクト」と考え、その視点から討議し、作成に努めたことを記しておきたい。

(18) 拙著『アントニオ・グラムシの思想的境位生産者社会の夢・市民社会の現実』(社会評論社、二〇〇八年)第1章「『プロレタリアート』概念の再編—いま『ベルリンの壁の崩壊』を読む」参照。

(19) 同上第3章「国家の市民社会の再吸収—組織された生産者社会の旋回」参照。

第五章　大学の個性化と総合化
――公正な競争とコンソーシアム構想――

小論は長野大学の改革について筆者の見解をまとめ、学内に一定のインパクトを与えることを意図した。そのために、国内外の潮流の理解も必要と考え、旧稿から該当する部分を抽出して、一本に構成したものである。（四は学内の研究会の資料として作成したため口語体になっていることを予め断っておきたい。）

一　大学の市場化の背景と現状――マス化と卓越性の関連

1　大学の大衆化

大学の変容とグローバル化・市場化は先進諸国でも顕著に見られる。まず注目すべきはここ半世紀間における大学の大衆化《マス》現象である。一九六〇年から二〇〇〇年までの四〇年間に、イギリスの大学生数は実に一六倍、フランスは七倍、ドイツ、アメリカ、日本ではそれぞれ四倍にふくらんだ。同一年齢層に対する進学率は、一九六〇年当時で、アメリカの三五％は例外としても、日本一二％、フランス七%、イギリス、ドイツは各四%に過ぎなかったが現在ではなんと五〇%〜三〇%に急上昇したのである(潮木守一『世界の大学危機』)。

急激に進行した大学マス化の要因については省略するが、その結果生じた事態は「知の共同体」としての古典的大学の消滅ないし凄まじいまでの変容である。古典的大学のイメージは次のようであろう。

「一九世紀のドイツ観念論とともに成立した。国民文化のほとんど独占的な担い手として機能しつつ、かつ理性の普遍性という構想を掲げるという、二重性を備えている。カントの理念やフンボルトの理念を体現し、哲学ないし人文的な諸学に範型をおき、教養形成という手段を通じて社会統合を達成するモデルである」。さらにそこに存立している了解は、「自由な精神の共同体が教師と学生によって構成され、世俗的世界であるならば強制によるであろう関係が、もっぱら純粋に内的な衝動に基づいて、人間の知的陶冶によって達成されるというものであった。実利的な目的ではなく、高邁な理想を追求しているのだという観念も、その一部をなす」(岩崎稔「大学をめぐる『革命』の修辞、『病い』の隠喩」)。

五〇年代終りから六〇年代前半に青春を送った私たちの世代の大学には如上のような古典的大学の「残照」が未だ感得することができたが、そうした幻想を粉砕したのが六〇年代末の全共闘運動による大学紛争であった。

ところでエリートによって独占されていた大学からマス化へ移行した大学の葛藤とそれに伴う危機的状況についてはアメリカの社会学者マーチン・トロワの有名な研究を参照していただきたいが（天野・喜多村編訳『高学歴社会の大学』）、要目は知的能力、学習意欲の低い大量の大学生の登場であり、「大学のレジャーランド化」現象である。一方、こうした学生をまえにやる気をなくした教員も多く両者あいまって大学の知的退廃が一部エリート大学を除いて進行したことはこれまでしばしば指摘されたところである。

こうした事態はひとり日本だけでなく、古典的大学の発祥の国、ドイツはもちろん、ヨーロッパの多くの国々の大学で軒なみに生じている。その主要因は大学進学者数の急増がもたらした大学のマス化、大衆化であることを専門家は指摘している（天野郁夫『日本の高等教育システム・変革と創造』、とくに一〇章「グローバル化する改革」参照）。

2　アメリカの大学

ところで、以上の危機にアメリカは直面しなかった事情を天野郁夫氏は前出のトロワの理説を援用して次のように説明している。その要因として強調されるのは、アメリカの高等教育に伝統的な「市場の力」の支配する「感応的」な構造である。それが普遍性をもつモデルと見なされるのは、現在ドイツをはじめ多くの国の高等教育が目指しているのは「市場の力」の積極的な導入であり、「競争的で開放的なシステム」への転換であるからだ（天野氏前掲書）。それはまた、「世界中のトップレベルの大学のうち、優に三分の二はアメリカの大学」であり、「圧倒的優位を誇っている」（経済学者ヘンリー・ソロウスキーの指摘）事実によっても証明されている（同上書）。ただし、留意されるべきは天野氏の次の警告である。

「一九世紀初めのドイツで確立されたとされる近代大学・エリート大学モデルが根本的な再検討と変革の必要に迫られていることは疑いない。しかしその変革は、それぞれの国の歴史的伝統と、文化的・社会的な文脈のなかで推し進められる他はないのである」（同上書、傍点引用者）。

3　日本の大学問題

次に日本の社会的土壌における高等教育の特色及び現状と課題について概要を述べてみよう。まず、戦前期日本の大学のモデルはドイツの古典的大学であったことはよく言われるが、同時に多数の私学の存在にアメリカの影響も看取されることも忘れるべきではない。次いで戦後は占領のためにアメリカにモデルが転換したとされるが、臨教審答申の出る八〇年代半ばまでは、大学人の多くは知的共同体としてのドイツ的モデルを理想としていたのである（有本・江原編著『大学教授職の国際比較』参照）。そうした意義を持続させ得たのは、帝国大学を頂点とするエリート大学とマス化の「受け皿型」となった多くの私学の存在とそのピラミッド型による「棲み分け」及びその固定化であった。さらにそれを可能にしたのは、戦前期に比べれば著しく緩和されたとはいえ、依然として残された政府の規制、「大学設置基準」であり、高等教育の資源の配分システムとその硬直化である。具体的には、配分の規定が教育・研究によるのではなく、戦前来の大学の序列に基づいていること。教員の任用・移動も業績本位ではなく、学閥や自大学出身者を優先する「同系繁殖」が多いことなどが指摘される（前掲天野書）。以上にみるように戦後の大学はアメリカをモデルにしたという通説に対して実相は著しく戦前期の日本的土壌を色濃く反映していたといえよう。

4　大学市場化の問題点

そのような土壌を崩す一大契機になったのは前出の臨教審の「規制緩和」政策であり、なかでもその一環として、八七年に新設せれた大学審議会であった。とりわけ、九一年の答申、「大学教育の改善について」は注目されてよい。周知のようにこの答申は、教養部の解体を引き起こしたが、もともとは学部段階の教育の在り方の検討を促すものであった。その後現在に至る「改革」動向――シラバス、セメスター制、ファカルティ・デベロップメント、授業評価等々――については改めて指摘するまでもなく普及している。

改革のなかでとりわけ関係者の議論をよんだのは、国立大の独立行政法人化と第三者評価であろう。独法化についてはすでに総論・各論にわたって多くの検討・批判が刊行されているのでそれらをご参観願いたい。ここでは紙巾の制約もあって要目について若干の私見を述べるにとどめたい。

まず問題は、①これが行財政改革の一環として出てきた法人化であって、大学の在り方を議論しての選択肢ではなかったこと。②文科大臣に達成目標（六年間の中期目標）の承認を受けなくてはならないこと。③その評価を文科省に設けられる国立大学評価委員会が行うこと。しかもこの評価に基づいて資源配分が行われることである。以上が多くの論者に共通する批判点である。①の成立事情は論外であるが、②の評価と資源を結びつけ其の要を文科省が握るということで法人化の目的である大学の国家からの自立が保障できるだろうか。規制を緩和して事前チェックから事後チェックへという法人化の意図が実現できるのであろうか。重大な疑点といわざるをえない。

かって私は、大学評価委員会の専門委員として国立大学の評価（社会貢献分野）に携わったことがあるが、第三者による客観的評価、ピアレビューを標榜しながら、実相は極めて権威主義的な「評価」に終始した印象を拭えなかった。ただし、法人化がスタートして余り時日が経ていない現在では長期の経緯について確かめる資料がない。前出の天野氏も以下のような懸念を表明していることにも留意したい。「六年間の目標・計画を作って、文部科学大臣がそれを認め、それに従って教育研究活動を進めなければならない。しかも結果の評価も受けて、それによって予算が増減されるとなれば、これまで以上に、大学の自由が少なくなるのではないかと危惧する関係者もいます。……新しい法人化の仕組みにさまざまな問題が隠されていることは確かだと思います」（『大学改革・秩序の崩壊と再編』）。

5　今後の課題

論点の一端にしか触れることができないが、伝統的大学から大衆化時代の大学への転換を、「市場の力」と「感応的」な構造によって首尾よく遂行したアメリカのモデルも、日本の土壌に移されると多くの問題が発生し、期待されたほどには効を奏していないことは以上に述べた通りである。

それではどうすべきか。もとよりこの点について私に明確なヴィジョンがあるわけではない。ただ大筋としては次のように考える。

まず、私は研究や教育が国家によって主宰されたりコントロールされることには反対である。一方、市場の論理（利潤追求原理）によってのみ運営されることも好ましくないという立場である。逆に公的システムが可能な限り分権化され、決定権限が「現場」（当事者）に近づくことを念じている。この視点からいえば、発足した国立大学法人は看過できない問題をはらんでいると断ぜざるをえない。以上のことを前提とした上でいえば、国家主義と市場主義を超える大学の実現の在り方としてはやはり法人に行きつくのではないか。具体的に学校法人、端的に私立大学が中核となるべきだというのが私の一応の結論である。もちろん、現実の私立大学の実態をそのまま認めるわけではない。「私学もいろいろ」である。あえていえばやる気のある学生、志ある教員に対する公正な審査による奨学金、研究費の拡充がミニマムな条件である。

以上の管見に対して特に旧国立大学の教員からは反論が出ることは承知している。しかし、以下の点は是非とも考慮されるべきと思う。

第一に、法人化の過程で参議院で二三項目の付帯決議をつけたとはいえ、全体的に見れば殆ど無風のなかの法案成立であった。たしかに国民の「無関心」も勘案すべきだが、国立大の「特権」に対する反感も底流していたのではないか。

第二に、大学生の七割は私立大学に属している。その保護者は国立大のほぼ倍額の学費を負担しながらなお殆ど返還を期待できない国立大の経費負担を強いられているのである。

第三に、以上に一端をみる国立・私立の格差が両大学間の交流・公正な競争を阻んできた主要因である。今後は、国立大学法人化（公立大も含めて）と私立大を横並びにして、それぞれの研究・教育・経営の努力に応じて資金の投入を図る方向を探るべきではないか。

ただし、経営努力などになじまない、民間のインセンティブの働きにくい基礎的研究分野などについては少数の大学院大学・研究所において特別な公的資金投入の措置が不可欠であることを強調したい。

要するに、前述した国家主義、市場原理主義を超えて大学が再生するためには、国（公）・私立を横並びにして公正な競争原理を働かせることが不可欠である。

二　大学コンソーシアムの構想と現実——山梨県の実情を踏まえて

1　大学の将来像

中央教育審議会の「答申」「我が国の高等教育の将来像」（平成一七年一月二八日、以下「答申」と記す）によれば、我が国の一八歳人口は「平成四年（一九九二）年度の約二〇五万人を直近の頂点として減少期に入り、平成一一（一九九九）年度から平成一五（二〇〇三）年度までには一五〇万人程度となっている。平成一六（二〇〇四）年度には約一四一万人で、平成一七（二〇〇五）年度からさらに減少し、平成二一（二〇〇九）年度に約一二一万人となった後は、平成三二（二〇二〇）年度まで約一二〇万人前後で推移する」と予測されている。この減少化によって、大学・短期大学の収容力

（入学者数÷志願者数）は平成一九（二〇〇七）年には一〇〇％に達するものと予測される（従前の試算よりも二年前倒し）。

したがって、今後とも、次第に小さくなっていくパイの奪いあい、大学生の生き残りの熾烈な闘いがくり広げられることはまちがいない。

2　大学の個性化と総合性

以上に一端をみるわが国の高等教育の「ユニバーサル」段階に対して、「答申」は大学の将来像の分析、予想そしてそのための施策等について、具体的提言を試みている。

なかでも、第二章でしばしば言及されている高等教育機関の協力体制、「大学コンソーシアム（共同事業体）形成」が注目される。というのは、「答申」でも唱導されている大学の「特色化」「種別化」は「生き残り」の方法として理解はできるが、総合性の方はどう担保されるのかという疑念がぬぐえないからだ。二〇〇四年の日本都市学会のシンポジウム「大学と都市社会」でも、この特色化と総合性の関連が問われた。

つまり、大学の閉鎖性を打破して地域社会に貢献するために地域の要求を教育・研究に取り組むために「特色化」は必要であるとしても、その場合に「下請け」的に要求に応ずるのではなくそこに大学として独自の「貢献」が考慮されて然るべきではないか。これがシンポジストの一人としての筆者の問題提起であった。時間の制約もあってこの論点は深まらなかったが、筆者は、コンソーシアム構想がこの課題に一定の解決の道を提示しているのではないかと従来から考えてきた。以下、筆者の見聞に基くコンソーシアムのコンセプトと山梨県における状況を記してみたい。

3　山梨県の県民コミュニティカレッジ

大学の連携としては、東京学芸大時代に都下多摩地区の一橋大、東京農工大、電気通信大、東京外国語大との単位互換の認定を体験する一方、横浜国大、埼玉大、千葉大との教員養成系の連合大学院の実情も間近に見聞することができた。しかし、積極的に関わることになったのは山梨学院時代においてである。

山梨県には国・公・私立を合わせると短大も含め一四の大学がある。これらの大学が県の委託をうけて毎年度「県民コミュニティカレッジ」と呼ばれるコラボレーション講座を県民のために開講している。生涯学習の「大学コンソーシアム山梨」の実態があることを知り大いに勇気づけられた。しかも事務局が山梨学院生涯学習センターにおかれ、当時センター長である筆者が運営委員長を兼任した。毎年度受講者のアンケート、県の要請そして各大学の意向などを集約して共通のテーマを設定する。これを基にカリキュラムを編成し、各大学の特色を生かして講座分担を決めるのが運営委員会の主要な任務である。在職五年間の体験でしかないが各校の運営委員の熱意にも励まされ協力体制はおおむね良好であった。

4　知の周縁と中心の関連

前述した多摩の国立五大学の単位互換の経験などから山梨におけるこれまでの大学間の協力をベー

スに開放講座を超えて、より広いコンソーシアムに発展できないだろうかと赴任以来考えた。この筆者の念願が大きく前進したのは、在職中に行われた山梨学院生涯学習センターの一〇周年記念フォーラムであった。その際にテーマを「知の中心・周縁関係を問う――学問・大学・生涯学習の可能性――」と設定した。

社会貢献とか大学開放というタームから思い浮かべるように、一段高い立場から大学の知的財産を市民・地域住民に伝達するのではなくて、民衆、「ヒラの市民」との知の交流によって、大学の知を捉えかえそうというのが前述のテーマの主旨であった。基調報告ではこの認識のもとに大正時代に信州で実践された自由大学運動、一九五〇～六〇年代に熾烈に展開された三井三池闘争時の労働者の自己教育、また一時期話題を呼んだ川崎市の「キャンパス都市構想」の事例（いずれも筆者の長年の研究テーマである）を紹介しながら、知識人―大衆の関係について私見を述べた。

この基調報告を受けるかたちで、パネリストの赤坂憲雄（東北学・東北工科大学）、宮坂広作（社会教育学・東大名誉教授）そして金井淑子（フェミニズム論・横浜国立大学）の三氏によって「知の周縁・中心関係」について提言が行われた。地元山梨はもとより、遠く鹿児島、北陸、東海、信州、東京から一二〇人程度が参加し活発な意見が交わされ、各地の事例も報告された。難しいテーマのためもあって、主催者側が企図したようには議論が深まったとはいえないが、パネリストのお三方はいずれも「周辺」部から中心を撃つ！というスタイルの研究者であったために、一定のインパクトを参加者に投げかけたと思う。しかも、テーマが目指す問題は一大学では不可能であって少なくても県内各大学の協力が不可欠であるという筆者の提言の主旨は参加者の多くによってうけ入れられた。

たしかに、個別の大学の生き残りは死活の問題であるには違いない。だがそのためにもより広い展望のもとに地域社会への大学の「貢献」の意味を考え直す必要性を大学側はもっと認識すべきであり、その有効かつ有意義なコンセプトがコンソーシアムだと筆者は考える。そこで念のために、専門家の指摘によってコンソーシアムのアメリカの例を紹介しよう。

5　大学コンソーシアムの理念と現実

カリフォルニア州のクレアモント・カレッジには、五つのカレッジと一校の大学院が、徒歩通学可能なキャンパスにおかれている。早くも一九二〇年代に当時の学長が「いかにして小規模カレッジのもつ人間的ふれあいという長所を保持しながら、しかも総合的大学の高度な研究や多彩な教育課程という利点を備えられるか」という一見矛盾する課題に挑戦したのであった。その答えは「自校を大規模化した総合大学にするのではなく、それぞれ建学の精神を異にする独立したカレッジ五校と、大学院センターとをクレアモントの理念にそって創設していくこと」だった。現状は次のようである。「それぞれのリベラルアーツ、人文学の女子大、政治経済学、理工学、社会科学を専門とする五校のカレッジと一校の大学院からなるコンソーシアムに成長している。しかもそこでは「五千人の学生たちが、別々のカレッジに属しながら、あたかも一つの大学のように図書館を共有し、二二〇〇にわたる授業科目を選択履修し、……単位を互換し合い、学寮で教師とともに生活し、学部課程を終えると大学院に進学し、毎月一五〇を超える行事に参加している」（喜多村和之『大学は生まれかわれるか』）という。一読してコンソーシアムの目的・内容が具体的にイメージできるであろう。

なお、喜多村氏は「大学連合」を評価しつつ、しかし単に自校にない科目を他校で履修するだけでなく、その背後に全体構造を持つカリキュラム論の必要性を強調する。全く同感である。そうでなければ、学生は一貫した大学教育を自己の経験のなかに総合化することが困難であるからだ。単位互換、施設の共用の段階を超えて「コンソーシアム」が求められる所以である。

国内の状況はどうであろうか。多摩地区の例は前述したが群を抜いて有名なのは一九九四年に設立され、すでに一〇年以上の歴史を誇る「大学コンソーシアム京都」であろう。京都駅のすぐ前に「キャンパスプラザ京都」の五階建てのビル（二〇〇〇年オープン）を拠点に、五一の大学が一大コンソーシアムを運営している。詳細については、『創立一〇周年記念』（財団法人大学コンソーシアム京都、二〇〇四年一一月発行）をお読みいただきたいが、数回にわたる筆者の見聞を基に要点を記してみよう。

コンソーシアム設立の契機になったのは、八〇年代半ばから始まった大学の市外への流出であった。「大学のまち」京都を維持・発展させるために、京都市や京都府それに系列団体が参加して財団法人大学コンソーシアム京都が立ち上げられたのである。一方、大学側にも多様化した学生、複雑化している社会的要請に個別の大学では対応できないという認識が広まり産・学・地の連携につながったのである。主な事業は、①単位互換②市民開放講座③インターンシップ、離職者のリカレント教育④地域調査研究⑤高校・大学の連携の五つである。多面的取り組みに驚くが、各大学、とくに国公立大と多様な私立大との温度差、単位互換の繁雑さなどのほか未解決の問題も多いことを事務局の担当者が率直に語ってくれた。とはいえ多様な五一の大学を束ねつつ、産・学・地のコンソーシアムの活動を十年余にわたって続けてきた関係者の努力には敬意を表したい。

その後、北九州、静岡、西ノ宮、愛知、奈良、仙台、山形、信州（松本）、鳥取など各地の大学間連携の実態を見学・調査した。アメリカのスタンフォード大学を軸とする「シリコンバレー」の日本版の印象を受けた北九州市を除いて、概ね京都の例をモデルに単位互換を中心とする連携を実施しているように思われる。もちろん、行政の関わり方や大学立地（位置）の状況、設立事情や歴史の長短などによって各地の状況は多様である。しかし、国立大の独立行政法人化にも影響されて、大学コンソーシアムへの全国的な流れを感ぜざるをえない。

6　大学コンソーシアムの課題

おわりに、山梨の現状を踏まえて大学コンソーシアムの課題について述べてみよう。残念ながら山梨では筆者の在職時には大学コンソーシアムは発足していなかった。しかし、その後創設に向けて顕著な動きがみられるようになった。地元紙によってその一端をみよう。

「大学間連携は…本年度第一回学長委員会で協議。…先進都県での調査報告などを踏まえ、一四大学の学長らが『地域としての学習機能を高める上で連携は必要』との見解で一致。七月中に『コンソーシアム設立検討会議（仮称）』を立ち上げ、具体的な協議に入ることで集約した。計画では検討会議内に事務レベルのワーキンググループを設け、①組織の運営や企画②単位互換や提供する講義内容の検討③図書館の連携④市民開放の講座開講などの部門別に話し合いを進め、来年秋にも協定締結を目ざす」（『山梨日日新聞』〇五年六月八日、第一面）

以上のように進行するかは定かでないが筆者も提唱者の一人として今後も「大学コンソーシアム山梨」の行方を見守りたい。その際に留意すべき点を列挙して小節の結びとしたい。

(1)　コンソーシアムは一方で各大学の建学の精神、理念を尊重しつつ連携によって一校ではできない新しい知の創造を目ざすものである。筆者は県内の全大学をまわり、学長と懇談した折、この点の理解が不足していることを痛感した。

(2)　単位互換、施設の共同利用などは有効な連携の方法であるが、それにとどまらず開放講座、離職者、新しい起業者に対するリカレント教育および地域社会のための調査研究によって地域社会への貢献も重要な課題である。この場合に、地域社会の各レベルの「知」を批判的に捉えかえす契機にすることも求められる。

(3)　下級の教育機関との教育、とくに高大連携の重要性を強調したい。最近高校の通学区の撤廃などによって競争が促進され学校間格差が拡大傾向にある。こうした状況では、「ゆとり」教育による「生きる力」を育むことはできない。地域社会の大学が連携によって魅力あるユニバーシティに変貌すれば、わざわざ大都会の大学に進学する必要もなくなるだろう。同時に高大の接続を強めて、殆ど意味のない受験勉強の無駄が省ければ本来の中等教育ひいては初等教育の実現にもつながるだろう。

(4)　京都の例のようにセンター的施設が必要である。山梨の場合には甲府駅付近にショッピング、食堂などの集客機能も併設された生涯学習の拠点ビルが建設されることが期待された。その一角にコンソーシアムのセンターを組み込むことが望まれる。なお、遠隔の大学・機関との交流には、インターネットの活用が不可欠であることはいうまでもない。

付記

その後の経緯について簡単に述べておきたい。二〇〇五年六月二五日に、山梨県教育機関連絡協議会（会長貫井英明山梨大学長）が開かれ、「大学コンソーシアム（大学間連携）の設立検討会議を発足させた。

検討会議のメンバーは各大学の教員ら一二人で構成され、委員長には筆者が選ばれた。なお具体的論点は次の四点である。①組織編成や予算など。②単位互換や高大連携など。③留学生教育を含む学生交流。④図書館の連携。

さらに、七月二五日には、以上の諸点の検討のために、三つのグループが発足し（①は各グループの代表と検討委員会が事務局と協議する）第一回の会議を行った。今後、活動計画や協定書の策定などを進め、二〇〇六年九月には大学コンソーシアム設立を目指している。因みに、山梨大学と山梨学院大学との単位互換の話し合いが両大学間で進められ、大枠の合意が成立し、今年（二〇〇四年）度内には正式調印が見込まれている。山梨県では初めての国立大と私立大の総合的な単位互換であり、今後のコンソーシアムの中核になることが期待される。

ところで、地元紙も社説で、大学コンソーシアムを取り上げ次にように述べている。「構想は、単位互換を基本とし、小規模な大学の良さを生かしながら、多様化する学生の学習ニーズに応えることができる。クリアしなければならない課題は多いが、お互いにできるだけ補完し合って、県外の大学に負けない環境づくりを進めていってほしい。また大学連携が実現し、県内の高等教育が高まれば、より多くの若者を地域に定着させることができるほか、将来的には県民の学習機会も広がる。経済的にバックアップしていく必要がある」（山梨日日新聞、〇五年六月一〇日）。この通りであろう。

各大学の〝温度差〟県民の関心も「いまいち」という感はまぬがれないが山梨でもコンソーシアム設立への大きな第一歩が始まったことは確かである。その後状況については筆者は山梨学院大学を退職したので不明である。近く現地に赴いて調査したいと念ずる。その点で小論は「中間報告」である。

おわりに、本稿は次の二つの拙稿を基にして、大巾な加筆・修正を行い一本にまとめた稿であることを断わっておきたい。

①「大学の市場化の背景と現状――マス化と卓越性の関連」（『教育評論』vol.694、二〇〇四年一二月号、アドバンテージサーバー）

②「大学コンソーシアムの理念と現実――山梨県の現状をふまえて」（『IDE』（NO.473、二〇〇五年九月号、民主教育委員会）

三　教育における新自由主義――はじまりとしての臨教審

1　教育現場の貧困化

日教組全国教研（教員の自己研修）に共同研究者（助言者）としてかかわって二〇年を経た。全国各地の教育実践が、各支部段階からはじまり県教研に至るまでの討議を踏まえて全国教研レポートとして報告される。だから発表時間は一五分だが、背景には数十倍、いや数百倍の実践がこめられているのだ。

筆者の参加分科会は「進路保障・選抜」であるが、そこでは子どもたちの進路をどう保障するかが主要テーマである。いまや高校進学率が九八％になるのに、わずか数％が依然として希望しても入れない。その多くは知的障害児である。入試で振り落とされるのだ。希望者には全員高校進学を保障すべきだ。そのためにどうすべきか。全国各地の実践が持ちよられそれに基づいて討論が活発に行われる。これが二〇年間一貫した筆者の分科会の経緯である。

ところが、今年から新しい論点が加わった。貧困である。奨学金がもらえない。あるいは返済できないために進路保障が困難になったというレポートが多くみられた。しかも、昨今は、少子化に加えて自治体の財政悪化のために学校の統廃合が急速に進んでいる。それに伴う遠距離通学は交通費の負担増になり高校進学・通学に大きな影響を及ぼしているのだ。つまり、高度経済成長以来それほど目立たなかった貧困が今回の教研で顕著になったのだ。

因みに、朝日新聞は「高校再編『通学に配慮を』――遠距離で負担増、日教組報告」の見出しで次のように報じている。「行政の財政事情と少子化を背景に、全国各地で進められている公立高校の統廃合。進学先が地元に無くなって遠くに通わねばならなくなり、交通費の負担に苦しむ家庭は少なくない。安易な『再編』を見直し、避けられない場合でも交通費などを手当てする――。行政側にこうした姿勢を求める声があがっている」(宮本茂頼)。

宮本記者が当日筆者の分科会で取材した各地の状況を二、三かいつまんで紹介しよう。

①大分県。「地元の県立高校の商業科が今年度から募集停止になった。地元の高校は普通科だけにな

り、実業系の高校に進んでその先は就職したいと考えている生徒は遠距離通学しなければならなくなった。そのために必要なバスの定期代は月二万円ほど。教え子の一人は不況で親の家業の経営が厳しく、本意ではない地元の普通科を受験するかどうか迷っているという。『統廃合が進むと、生徒のニーズを受け止められなくなるのではないか』」。

②長崎県の離島。「募集停止となった高校の地域から他校へ通学するにはバスの定期代が月二万円ほどかかる。バス会社は高校生の定期券代を半額にしてくれているが、それがいつまで続くかわからない。『長距離通学となれば体力的な問題もある。部活動の時間も制約されかねない』」。

③北海道。「九九年度に二七五校あった公立高校は一一年度までに二三八校に減る計画だ。道教委は今年度から、地元の市町村の高校が募集停止になった場合、通学費や下宿費が月一万三千円を超えれば補助する制度を設けた。しかし、補助金は一〇月以降でないと支払われない仕組みで、道教職員組合は『半年間の持ち出しはきつい。もっと使いやすい制度にする必要がある』という」（『朝日』〇九年三月二二日）。

2　国側の説明と貧困化の実相

わずかな例であるがこのような事態を生じたのは小泉内閣が推進した「構造改革」路線による格差化であるとみてよい。ところが、首相とともにこの政策を進めた竹中平蔵氏は、総務大臣当時、次のように発言した。

「格差ではなく貧困の議論をすべきです。貧困が一定程度広がったら政策で対応しないといけませんが、社会的に解決しないといけない大問題としての貧困はこの国にはないと思います（『朝日』〇六年六月一六日）。

さらに、当時の安倍晋三首相は、「生活必需品が調達できない絶対的貧困率は先進国の中で最も低い水準にある」と国会で答えた（『東京』〇七年二月一三日）。

しかし、湯浅誠氏は、「海外の民間団体がたった七〇〇人に電話で主観的な回答を聞いただけの調査」が以上の断定の根拠になっていると告発する（湯浅誠『反貧困――「すべり台社会」からの脱却』岩波新書、二〇〇八年、九七頁）。

さらに同書によって「貧困化」の一端を引用しよう。「一九九〇年代の長期不況以降、正規から非正規への雇用代替が急速に進み、非正規労働者はこの一〇年間（一九九七～二〇〇七年…）で五七五万人増え、正規労働者は同時期に四一九万人減った…今や、全労働者の三分の一（一七三六万人）が非正規であり、若年層（一五―二四歳）では四五・九％、女性に至っては、五割を超えている（五三・四％）。

また、地方商店街が『シャッター通り』化し、米価も暴落…するなど、自営業主の生活の厳しさが露わになっている。いわゆるフリーターの平均年収は約一四〇万円であり、…国税庁の発表では年収二〇〇万円以下の給与所得者が二〇〇六年、一〇二二万人に達した…。もはや「まじめに働いてさえいれば、食べていける」状態ではなくなった。労働の対価として得られる収入によって生活を支えていく、というこれまでの日本社会の『あたりまえ』が『あたりまえ』ではなくなったのである…」（前掲湯浅書、二一一頁）。

3　戦後社会の構造変化と新自由主義

日教組の全国教研のレポートに例をとりながら、格差化による教育の貧困の背景を探った。その元凶は小泉構造改革であることも指摘した。しかし、その源流は八〇年代の中曽根内閣時代に遡らねばならない。そこで歴史的経緯について述べよう。

七〇年半ば頃から日本はポスト産業主義に至り、社会構造が大きく変わった。第三次産業が五〇％を越え、高度情報社会の到来である。この構造における変化を巧みに捉えて、戦後教育の転換を企図したのは八〇年代半ばの中曽根内閣時代に発足した臨時教育審議会（臨教審、八四年発足）であった。周知のようにそこで採用された政策理念は新自由主義（ネオ・リベラリズム）であり、その教育への適用である。それでは新自由主義とはなにか。ここでは最近注目を浴びているD・ハーヴェイの説明を掲げたい。

「新自由主義とは何よりも、強力な私的所有権、自由市場、自由貿易を特徴とする制度的枠組みの範囲内で個々人の企業活動の自由とその能力とが無制限に発揮されることによって人類の富と福利が最も増大する、と主張する政治経済的理論である。国家の役割は、こうした実践にふさわしい制度的枠組みを創出し維持することである」（D・ハーヴェイ、渡辺治監訳『新自由主義・その歴史的展開と現在』作品社、二〇〇七年、一〇頁）。

さらに、常識的には市場を万能視し、自助努力・自己責任を強調し、「小さな政府」を志向する理念といいかえてもよいだろう。ただし、ハーヴェイは、単に「市場原理主義」的側面だけでなく、そうした理論とともに、「階級権力の再興という新自由主義の実践の両側面の総体」（前掲書、渡辺治氏による解説――「日本の新自由主義――ハーヴェイ『新自由主義』に寄せて」二九三頁）としても捉えることに留意を促す。さらに渡辺氏は自らの定義を次のように述べる。「新自由主義とは何よりイデオロギーではなく、グローバル企業の競争力の回復のため、それを妨害する既存の政治制度の全面的改変をめざす運動と体制であり、市場優位の制度を導入するために強力な国家介入をいとわない」（三九四頁、傍点引用者）ものとしている。これは渡辺氏が認めるようにハーヴェイの定義と同じである。したがって、私もこの考え方に従うことにする。

4　新自由主義の歴史的背景

ところで、この新自由主義は、近年のイギリスのサッチャー政権（七九年五月成立）、アメリカのレーガン政権（八〇年五月成立）によって主導されてきたことはよく知られる。しかしそれより早く、一九世紀の四〇年代から七〇年代にかけて、「自由放任」の名のもとにイギリスで花開いた歴史も想起されてよい。だが「私的利益と公共善との間の神の摂理による調和」という古典派経済学の理念は長続きはしなかった。詳しい説明は省略して結論のみをいえば、恐慌の発生による失業者の大群によって「調和」は崩されたのである。

この事態をのり超えるために一定の政府の介入を不可欠とするケインズ経済学が出現したことは周知のとおりである。その画期は、一〇年に及ぶ思索の成果『雇用・利子および貨幣の一般理論の公刊（一九三六年）であった。その後・このパラダイムは先進資本主義国の経済政策を、少なくとも七〇年代半ばに至るまでは主導したのであった。一言でいえば、「ケインズ的福祉国家」の実現である。国家による公共事業を増やし、失業を押さえ他方で国民のミニマムな生活を保障する。要するに修正資本主義（資本主義と社会主義のアマルガム）は、第二次大戦後の西欧、アメリカの先進国、少し遅れて日本でも成功し、社会民主主義の基礎となった。

ところが日本の経済成長がマイナスに転じた七四年頃から順調にみえていた修正資本主義に「かげり」がさすようになった。端的に資本蓄積の危機である。原因は、階級的妥協によって実現した福祉国家政策である。つまり、資本主義の修正による延命策が行き詰まったのである。この状況突破のために試みられたのが新自由主義政策である。具体的には労働運動を徹底的に弱め、社会保障を薄める諸政策、他方で「例外なき規制緩和」「市場原理主義」が推進された。この政策は、イギリスの「サッチャーリズム」にはじまり、アメリカのレーガン政権（レーガノミックス）を経て八〇年代の中曽根内閣に継承されたのであった（因みに、ハーヴェイは「未来の歴史家は、一九七八―八〇年を世界の社会経済史における革命的な転換とみなすかもしれない」と述べている――前掲書九頁）。

さらに、七三年のオイルショックは先進国の経済成長に決定的な打撃を与えた。このため肥大した福祉予算が慢性的赤字をきたすと宣伝され、「小さな政府」が不可欠と唱導された。つまり「不平等を是正するための政府による市場介入の不可避」を主張するケインズ経済学は嫌われたことを指摘しておきたい。

5　教育における新自由主義――臨教審

臨教審は「新自由主義」の教育政策への適用であると前述した。反面、これまたすでに述べた戦後日本の社会構造の変化に伴う子ども、青年の変容に対応する改革を意図するものであったことにも留意を促したい。そうでなければ広く国民の支持を得られなかったであろう。まさに「時に臨んで」の改革であった。これら二面を勘案して臨教審の担った課題を二点にわけて述べよう。

①当時日本はポスト産業主義の時代に至っていた。つまり、画一的で均質的な大衆一括の時代から差異化、多様化を求める人々が多数を占めるようになった。学校・教育もこれに対応するように転換すべきである――当初臨教審は「教育自由化」をスローガン化した――という提唱は時代にマッチしていたのである。一例を挙げれば、「生涯教育」から「生涯学習」への転換である。

市民がなにかを学ぼうとする時、従来のように、ある目的のために、つまりなにかの手段としての「勉強」ではなく、それ自体が楽しいから、それ自体を目的として「学ぶ」、そのような人々（勉強→学び）が急速に増大した時代になったのである。こうした時代を巧みに捉えたネーミングが「生涯学習」であった。この用語には「教え・育てる」教育者（教師）中心から、「学び習う」学習者（子ども）中心への意味の転換が、しかもその場は「学校」だけではない（「生涯学習」）とするラディカルな思想が簡潔に表現され、含意されていた。この「自由化」路線が、これまでの産業社会型の学校を変え、国家支配（官僚主導）の色濃い明治以来の日本の教育に風穴を開けるものとして期待され、歓迎されたのである。（当時、全国紙の「社説」にもその期待が表明されていたことが想起される）。「生涯学習」がこの方向で、つまりその提唱者（ポール・ラングラン、エットーレ・ジェルピなど）たちの思想にそって実現されたならば、まさに日本にとって画期的な教育の時代が到来したことだろう。しかし、そうはならなかった。なぜか。

以下その点を検討しよう。

②臨教審の教育の「自由化」(後に「個性化」に変更)の提唱は、新自由主義実現のための「市場」の自由、その教育への導入、積極的推進であった。これは、電電公社のNTTへの転換と軌を一にする「公」教育の「民」間への移管であった。教育においていえば、学習者の「意欲」「自由」を尊重し、民間の教育産業と分担しつつ、市場の「競争力」を導入すべきだという考え方である。すでに指摘した財政赤字の対策という文脈でいえばこの側面の方が臨教審にとっての眼目というべきであろう。

そうであれば、学習者の学ぶ「自由」は尊重されるといっても、実相は自ら学ぶ意欲のある者、自己負担能力のある者、つまり、限られた一定の枠内に入れる社会的強者の「自由」に限定されるのである。しかも、弱者は切り捨てられるが、それは自由な市場競争の当然の結果なのだとみなされたのであった。端的に、教育における格差の拡大(階層分化)の促進、弱者の切り捨てである。これでは、前述した生涯学習のラディカルな意味は喪われ倭小化されたのは当然である。先に一端をみた教育の貧困化は以上の臨教審による教育の新自由主義に端を発すると結論することができる。

6　小括と今後の課題

すでに述べたように、「戦後政治の総決算」を呼号してスタートした中曽根政権による臨教審が教育におけるわが国の新自由主義の始期で、小泉内閣によって徹底化したのだと私は考える。もちろん、その後の一四期、一五期中教審による路線の若干の手直し（とりわけ一五期の「ゆとり教育」）はみられたが、基本路線は変わらなかった。

しかし、前出の渡辺治氏は、新自由主義自体の経緯について次のように述べる。

「結論からいうと、中曽根政権の新自由主義は日本の新自由・主義革命の始期ではなかった。せいぜいのところ、それは早熟的な新自由主義改革の試みであった。なるほど・中曽根やそのブレインとなった佐藤誠三郎・公文俊平・香山健一らは、イギリスやアメリカで展開されている改革が既存の福祉国家システムを変える新たな性格をもったものであることを理解し、その日本への導入を意図したが、アメリカ、イギリスと異なり、当時の日本は、先進国の中ではいち早く不況を克服し、第二次石油危機も乗り越えていたため深刻な蓄積危機にはなかった。…（したがって）日本での新自由主義改革の本格的な始期は、一九九〇年中葉、細川政権まで待たなければならなかったのである。しかも…その進行はジグザグを余儀なくされ、新自由主義の本格的な遂行は、小泉政権にいたってはじめて可能であったのである」（前掲書、二九七頁）。

詳しい説明は省略するが、要するに、日本の福祉国家体制がそれほど強固ではなく・資本蓄積を大きく阻まなかったために、イギリス、アメリカに十数年遅れたというのが渡辺氏の見解である。

経済・政治の詳しい分析による渡辺説は充分傾聴すべきだが、しかし、教育のそれはやはり臨教審が始期であることに私はこだわりたい。なぜか。たしかに先に触れたように直後の一四期中教審は

「格差」が教育の病理と認め、「特色づくり」による是正化を提言したが、その限り反臨教審のように見えるが、競争による格差化に対して特色づくりはほとんど無力であった。「特色づくり」は、芸術系、体育系では格差化の対抗プランになりえたが、普通科では大学進学のために効果を全く発揮できなかった。

その後一五期中教審による「ゆとり教育」の提言も、その理念は正しく評価されるべきだが、長い期間にわたって試行された学校五日制にしても、総合学習にしてもいよいよ本格的に実施された。二〇〇二年には、突如「学力」低下の大合唱が始まり、一転して「学力」向上競争に逆流してしまった。つまり、一五期中教審の理念――「ゆとり」による「生きる力」の育み――は、経済のグローバル化に対応する国力の増強、そのための市場の活性化、「学力」の向上というかけ声のまえに消失してしまったといっても過言ではない。

以上不十分な例証ではあるが教育においては、臨教審が新自由主義のスタートであり、その改革構想はその後歴代内閣によって踏襲され、教育課程の基準の緩和、教科書検定の緩和、学校選択の規制緩和、さらに国立大学の法人化、教育特区の開設など市場主義の導入が次々と政策化された。逐一の検証は省くが、小泉内閣時代に「勝ち組」「負け組」の流行語を生み出したことが「格差社会」の到来を如実に示している。

さいごに指摘しておきたいことは、所得格差の拡大と学力格差の相関関係である。つまり、教育文化水準と経済水準が相関関係にあるのだ。この点については、『希望格差社会』で有名な山田昌彦氏の次の指摘の引用にとどめよう。

「たとえ学力が同じであっても、教養とか好奇心とか、コミュニケーション能力というのは、いわゆるインテリ的な家庭で育った人と、そうでない人では大きな差があります…。学校では学力を伸ばすことができると思いますが、ペーパーテストで計れる以外のものを伸ばすシステムを持たないということです。そういった能力を育てる場は、今のところ家庭以外にはなかなか考えられないですね」(『季刊教育法』一四八号、〇六年三月号)。

以上、新自由主義、その教育への適用として臨教審の基本構造を概述した。三は拙稿「教育における新自由主義――(1)はじまりとしての臨教審」(「社会主義」二〇〇九年六月号)を多少の変更を施して再録したものである。

四 長野大学の再生を求めて――有機的な知のゲマインデのために

筆者は長野市に生まれ、高校まで長野で育ちました。(出身高校は長野高校)最初の就職先と最大学院を修了後に初めて就職したのが本学(当時の校名は「本州大学」)でした。最初の就職先と最後(現在)の就職の場が同じ大学というのは不思議なめぐり合わせです。四〇年まえの本州大学は一学部(経済学部)の小さな大学でした。ふるさとに創設された初めての四年制大学に希望を持って赴任しました。久しぶりに本学に帰って参りましたが、当時のゲマインデ的な大学とは一変し、急速な発展に目を見はりました。短い在職ですが、志のある若い教員、誠実な優秀な職員の多くに接し感動した次第です。それにもかかわらず、学生が期待したように集まらない本学の現状に憂慮し、一体どうしたことかと不思議に思います。もちろん定員割れ、学生不足の傾向は本学だけではなく、少子化が進む近年は、全国共通の現象です。この状況下で歴代の学長、理事長をはじめ教職員全員が長年努力されてこられたことには心から敬意を表します。

しかし、あえていえば最悪の事態に至るまえに、為すべきなにかが残されているのではないでしょうか。それを掘り出し、本学の課題の解決に早急に取り組むべきです。

そうでなくては事態は悪化する一途でしょう。もちろん救済の「特効薬」があるわけではありません。皆さんにおかれても同様と思います。大切なことは課題解決の処方のために一人一人が知恵を出し合い結集する組織、体制づくりです。大学共同体としての本学を再建するためのノウハウを結集することが急務です。そのために私が長年蓄積してきた経験を率直に提供し、全教職員で討議して課題解決の方途を探り、共有化することを提案します。以下、提言を五点に的をしぼって私見を述べます。

① 有機的な組織体制の確立

有機的な組織体制の確立により、本学の活性化を実現します。

② 地域に根ざす大学

地域社会との交流を深化させ、知的資源の社会的活用を促進しネットワークによる「ユニヴァーシティ」を目指します。

③　大学の国際化
国際交流をさらに展開し、本学を東北アジア共同体の中心拠点とします。
④　大学コンソーシアムへ向けて
近隣大学との連携を早急に推進し、本学を中心とした「コンソーシアム信州」を実現確立します。
⑤　大学院の新設
大学の知的水準を高めるために大学院を新設し国内外のステータスを高め、新しい市場を開拓します。

1．有機的な組織体制の確立

大学は有機的な組織でなければなりません。学位授与機構に設置された大学評価委員会の委員として、国立大学の評価にあたったときにこの点を痛感しました。文科省から示されたロンドン大学医学部の例によって評価の視点について討論を重ねましたが、結局この点に集約され、事実この点から評価されたのです。広島大学の理念は「平和」です。これを掲げるだけでは組織の運営は不充分です。その理念がいかに有機的に各学部・各セクションの運営において具体的に実践されているか。ここが評価のポイントでした。筆者が責任者（班長）として担当した一一の国立大学もこの点に焦点をあてて評価し、判定を行いました。

私たちの大学の再生もこの視点から出発すべきです。各学部、セクションの活動が本学の理念とどのように関連して実施されているか。これを常に点検し、総括し、還流して理念との整合性を検討するべきです。そのシステムが求められます。しかも、そのプロセス、結果が全教職員に公開、共有化されることが不可欠です。これによって、適材適所を実現し、無駄を省き、とくに若い教員のための研究時間を確保すべきです。

全学の有機的なネットワーク化、その検証に基づく、全員参加の大学運営、これを第一に提言します。付け加えれば講義の方法、内容を主とする学生との関係についても有機性は適用されなくてはなりません。このためには高校・義務教育で行われている授業研究、教材研究が参考にされるべきです。このために本学教職課程の活動、成果が大学教育にも活かされるべきです。また、条件整備は理事側に強く求めるべきです。

2. 地域に根ざす大学

この理念は多くの大学が掲げています。最近、本学と同規模の北の旭川大学、南の福岡県立大学に招かれ、筆者の報告をもとに教員・院生と語らい、学長、理事長とも親しく懇談の機会を得ました。旭川大では地域の大学間の協力、学長の強力な知的リーダーシップの必要性を学長から説かれました。全国から一流人を招き学長の司会のもとに教員・院生の研究会がしばしば開かれています。旭川大の卒業生が地元旭山動物園の再生に貢献したとのことです。教員の採用にも校務分担型と講義専念型に特任教授の種別化を行っていることも参考になりました。福岡県立大学では「炭都田川」の再生を大学を中心に進め、それによる「田川を世界遺産に！」をモットーにして大学と田川市の同時再生の経緯と現状を詳しく理事から伺いました。その経緯、成果をどう見るかが筆者の今回の講演のテーマでした。地理上の特色を活かしてアジアとの協力を熱心に進めていることを羨ましく思いました。

前任校（山梨学院大）では生涯学習センター長を五年間務め、地域住民の「学びの再生」に力を尽くしました。そこで努力したことは知の中心（大学）と周縁（地域）という従来の二分法をいかに超克するかです。そのためには開放講座を主として大学から地域に発信された「知」をどのように大学に再還流させるかを大学人と地域住民が一緒になって論じあいました。

講座のほか、紀要、所報などとして総括された大学の知の総体を地域社会に開放し、それについて卒直なコメントを求め（開放講座での意見表明、アンケートなどによる）、再び大学に還流させて、大学の知の在り方を再審する。この方法によって中心—周縁という二分化の隔壁を乗り超え、知的地域社会の創造を意図しました。一定の成果をあげたと自負します。

同センターの一〇周年記念シンポにシンポジストとして出席された赤坂憲雄氏が東北工科大学で主宰している「東北学」を報告しましたが、これは大いに参考になり、早速山梨学院大学生涯学習センターでも「やまなし学」を住民とともに始めした。ここには学生も参加し、社会人とともに学び、学び方理解の仕方の違いも検証しました。本学でも大正時代に展開された自由大学の遺産に学んで「上田学」（仮称）を始め全国へ発信するべきです。そのために本学の地域連携センターを中心に、地域社会との有機的なシステムをつくり、「地域に根ざす大学」の実質化を目指すべきです。山梨では公民館を軸とする社会教育の伝統が根強いのです。それとの連携にも力を入れました。本学でも本県の社会教育の活動状況を考えると、なお、考えるべき点は、多く残されていると思います。

3．大学の国際化

グローバリゼーションの現代では「国際化」は不可欠の課題です。現在進められている海外（中国、韓国ほか）の大学との交流をベースに有機的発展を目指すべきです。とりわけ東北アジアとの協力・交流は重要です。留意すべきは、「学生集め」の一時的、部分的な交流ではなく「東北アジア共同体」構想を本学から大胆に発信する、主体的なヴィジョンがなくてはなりません。学生の留学の便益に止まらず、東北アジア共同体を創造するために学生はもちろん研究者、地元の人々の相互交流をも積極的に進め、次々に研究プロジェクトを立ち上げ、科研費をはじめ民間の資金を積極的に獲得して理念の実現に努めましょう。この理念に基づく実体があってこそ「留学」も生きるのです。

東京学芸大時代に文科省・特別科研費（七五〇万円）による中国の東北師範大学のスタッフとの共同研究（「二〇世紀東北アジアの社会・経済変動と教育」研究代表者黒沢惟昭）を三年間にわたって行いました。そこで得た「人脈」「ノウハウ」はいまにまで生かされ中国研究者との交流は密接に続いています（毎年の同大学における「集中講義」など）。中国では海外からの教員による集中講義を大学院の「単位」に組み入れています。学ぶべきでありましょう。一方、平和教育の一環として民間団体の支援による「教材研究」を中国、韓国の教員、研究員とともに行い、いまに至っています。日本が近隣諸国でどう教えられているか、日本ではどう教えているのか、東北アジアの交流、平和のためには絶対必要です。

本学の国際交流センターを中心にこれまで蓄積してきた本学の交流の総括を行いその成果を「東北アジア共同体の創造」の視点から交流を捉えかえして本学国際化の有機的な展開を始めようではあり

ませんか。本学にはそのための人材が豊富です。

4．大学コンソーシアムへ向けて

以上の課題は本学だけでは実現不可能です。この点、一九二〇年代アメリカのカリフォルニア・クレアモントで始められたコンソーシアムは大いに参考になります。少なくとも上田近辺の大学間の積極的なネットワーキングが求められます。それを基に県内外のコンソーシアムに発信連携すべきです。図書の交流、単位互換などは早速実現可能です。

山梨は小さい県ですが一四の大学があります。山梨学院時代に前述のセンターを軸にそれら諸大学のネットワークを企て、県の協力の下に責任者としてその実現に努めました。在職中に県の生涯学習審議会会長を務めましたが、このネットワーク（コンソーシアム）構想を「答申」に盛り込み知事に提出しました。ネットワーク（コンソーシアム）による魅力ある大学を創り、学生の多くを県内に留め、活性化を意図したのです。

京都には五一の大学が「大学コンソーシアム京都」をつくって活動し成果を挙げています。産業のない京都に学生を引きつけることが主要な目的です。運営のための六階建のセンタービルは京都駅前にあります。何度も訪問しました。各大学の学生がそこへ毎日通い、市内各大学の開講科目を自由に選択・聴講して必要単位に組み込むものです。ほかに西宮、静岡、北九州、山形、奈良、鳥取、仙台にも規模は小さいですがコンソーシアムはあります。責任者として全て現地調査を行いました。数年前全国のコンソーシアム交流会（金沢大学）にも参加してコンソーシアムの将来性について討議してその有効性を確信しました。

まず近くの信州大学、上田女子短期大学、工科短大、佐久大学などとの連携を早急に始めるべきと思います。さらに、将来的には高校、公民館など生涯学習機関（研究所、一部企業なども含めるべきです。）を含めて地域に「ネットワークとしてのユニヴァーシティ」を実現すべきです。こうすれば、生涯学習の視点から「学びの復権」が実現します。私がとくに注目したいのは高大連携です。いま流行は、エリート高校との連携ですが本学ではあえて「低位校」との連携、一体化も図るべきです。つまり高大の教員によって、七年間の一貫カリキュラムを作成し、それに基いて学力不振者の学力向上も可能です。格差化のなかの新しい挑戦です。地域のネットワークの「ユニヴァーシティ」は魅力的カリキュラムの作成として効果的です。もちろん、本学はその中心拠点にならねばなりません。

なお、つけ加えれば、昨夏南米ベネズエラへ招かれ、知識人と交流し、官邸ではチャベス大統領と会見しました。その時、彼はグラムシの「歴史的ブロック」の概念に言及し、南米の歴史的ブロックを語りました。感動した私は、東北アジアの「歴史的ブロック」を南米につなげることを提案しました。その模様は全南米のテレビネットワークによって同時に全南米に生放映されたのです。私たちのコンソーシアム・ネットワークをゆくゆくは全世界へ展開すべきです。そのことを会見で大統領に提言し意気投合しました。志は高く意気は壮でなくてはなりません。なお、以上は、いずれも私が実際にかかわり、この目で確かめた実現可能な再生プランです。ともに頑張ろうではありませんか。

5．大学院の新設

東京学芸大学時代には通例の大学院（但し、ドクター課程は千葉大、埼玉大、横浜国立大の四つの大学との連携による「連合大学院」）、山梨学院大学時代は社会人のための修士課程大学院を経験しました。前者では教員の就職が困難で未就職者が留年よりも大学院修了の方が有益と考えるために希望者が多く、毎年度私一人で一〇～一五人の修論指導を担当しました。連合大学院は、地理的関係で連絡が困難というハンディはありました。又教職志望者がドクターまでは必要ないという考えも多かったのです。理論よりも実務というわけです。もちろん少数でも「学位」を取得して大学の教員になった例はあります。

後者は社会人、中国、韓国の留学生が主な対象でした。生涯学習時代ですから定年後に再び学問を志す人、時間的に比較的余裕のある人（教員など）の現職中の志望者も多かったです。ホームページで希望の教員の講義を受けるために来たという入学者にも何人にも会いました。

一方、大学のステータス、学内のアカデミックなアトモスフィアの形成のためにも最低、修士大学院設置はいまや常識です。本学学生のなかにも大学院に進学したいという学生は結構います。又留学生も学部だけでは満足できず、せめて大学院へという志望者が圧倒的に多いのです。中国へ行くたびに「貴学に大学院はあるか」という質問を毎年ききます。ドクターの設置は近未来の課題としましても修士課程は早急に新設するべきです。連合大学院構想を考慮すべきですが、そのためには修士課程設置はミニマムな条件です。最後に、4で述べたネットワーク（コンソーシアム）によるユニヴァーシティ実現のためにも大学院は必要条件でしょう。

将来的には、希望者の受講の便宜、受講生の拡大のために上田、長野駅付近などにサテライトキャンパスの設置、さらに情報機器の活用、通信教育による単位取得の方法も考慮すべきです。

以上は私の経験による本学再生の提言です。これをもとに学内はもちろん、学外にも討論の機会を求めましょう。学内にはこれを内容とする「総合科目」を学生のため来年度から開講すべきでしょう。地域連携センターの講座にも是非、この視点からの講座を編成して地域のメッセージを発信してほしいと思います。そして、定期的に地域社会にも長野大学は何を考え、どの方向へ進もうとしているか。強力な魅力あるメッセージを提起すべきです。沈没を座して待つのではなく「総員死に方用意！」の覚悟で頑張ろうではありませんか。皆さんのご批判に基づく、ご支援を期待して私の提言を結びます。（拙い小論ですが成稿にあたっては、本学社会福祉学部の田中祥貴先生、職員の平原修氏のご助言、ご協力を賜わりました。ここに誌してあつく御礼を申し上げます。）

あとがき

マルクスの思想、「疎外論」、及びグラムシの思想、「ヘゲモニー」、「市民社会論」をベースにして新しい教育学の構想を編み上げたのが本書である。ただし、かつて社会主義崩壊以前に流行したいわゆる「マルクス主義教育学」の再生や、同様の趣向をグラムシの思想から抽き出そうとする「教育論」の類ではない（いまは姿を消したがこうした類書の批判と超克の道については、青柳宏幸氏の近著、『マルクスの教育思想』、白澤社発行、現代書館発売、二〇一〇年が大変参考になる）。そうではなく、両者の近代超克の基本的視座から「疎外」、「ヘゲモニー」、「市民社会」をキー・ワードにして、従来の教育学を超えることを志向している。その意味で、本書はマルクス、グラムシの思想の教育学への架橋・接合である。

ところで、本書の構想、作成の過程で、『高島善哉著作集全九巻』（こぶし書房）を読む機会があった。学生時代に先生の講義を聴いた時も、政治、経済と関連して教育の重要性を繰り返し説かれたことが印象に残った。このたび著作集を通読して改めてこの印象を強めた。先生のライフワークは「市民社会論の体系化」であった。その研究の軌跡は本書の作成に多くの示唆を与えられた。残念ながら先生が生涯をかけた「市民社会論の体系化」は未完に終わった。さらに、その体系において教育をどう位置づけるか。この課題も具体化されないままに後進に托された。

先生が教育についてしばしば語り、言及されたことは本文で繰り返し述べた。しかも晩年には日本国憲法の理念が（「天皇制」などは除いて）市民社会のモデルになりうると提言されている。市民社会の現代的再生のための示唆に富む。しかし、先生は教育をどのように市民社会論に組み込むかについては言及されなかった。その具体化は教育学者の課題である。私は「生涯学習」（市民的ヘゲモニー）の磁場からその作業を引き受け具体化することを意図した。

現代市民社会には二つの位相がみられることに留意を促したい。一つは、資本制社会としての疎外の諸相である。二つは、支配・被支配のへゲモニー関係の相克である。教育についてみれば、現代日本の最大のイデオロギーは「生涯学習」である。これを疎外回復の対抗へゲモニーへと反転・再編しなければならない。主体は地域社会の住民である。これらの住民が国家に奪われている人間の本質―自治の権能を地域社会に奪いかえし、自治の市民に転生することが求められる。生涯学習とはそのための方法であり目的である。本書はその試みである。新しい挑戦（チャレンジ）であるので異論、反論も多いであろう。読者の率直なご批判を期待して本書を世に問いたい。

小著ではあるが出版に至るまでには多くの人々のお力添えをいただいた。序章冒頭に触れたが、このたび母校から「学位」（社会学）を授与された。本書が審査の対象ではないが、上梓の契機となった。審査にあたられた一橋大学社会学部の加藤哲郎、関啓子、平子友長の諸先生にはここにあらためて感謝の意を表したい。また、社会学部の創設・発展に力をつくされた高島善哉先生は一橋大学入学以来導きの星である。かわらぬ学恩に対して心から感謝の念を捧げる。さらに、私を社会教育（生涯学習の母体）の道へ導いてくれた先輩、徳永功氏（元国立市公民館長、教育長）のご厚意にも篤く御礼申し上げる。おわりに、前著『生涯学習とアソシエーション――三池、そしてグラムシに学ぶ』に続いて、地味な本書を世に出してくださった社会評論社社長松田健二氏には現今の出版界の情況を鑑みれば、御礼の言葉もないほどに感謝している。転載を快諾された初出紙・誌の編集者にも感謝する。ついでながら編集の作業については長野大学学生橋本拓実君にお世話になったことを誌して御礼申し述べる。さいごに私事ながらいつも身近かで静かに見守ってくれる妻敏子、娘明子は心の支えである。二人の幸せを祈って小著の「あとがき」を結ぶことにしたい。

二〇一一年　春の訪れを想いつつ

黒沢惟昭

初出一覧

序章　「現代市民社会論と教育学――生涯学習体系論への軌跡」（長野大学「紀要」一一三号、二〇一一年三月）

第一章　「疎外論とフォイエルバッハ――柴田隆行氏との紙上インタビュー」（「フォイエルバッハの会」通信、第七二号、二〇〇九年九月一〇日）

第二章　「疎外論の再審――初期マルクスと後期マルクスの統一の視点から」（山梨学院生涯学習センター「紀要」第一四号、二〇一〇年三月）

第三章　「社会主義の崩壊　その再生への道――自分史のなかのマルクスとグラムシ」（「葦牙」三六号、二〇一〇年七月）

第四章　「現代日本における市民的ヘゲモニーの生成」（長野大学「紀要」一一八号、二〇〇九年十一月、ただし「資料」の部分は割愛した）

第五章　「大学の個性化と総合化――公正な競争とコンソーシアム構想――」（長野大学「紀要」一二一号、二〇一〇年一二月）

索　引

黒沢惟昭（くろさわ・のぶあき）

1938年長野市に生まれる。一橋大学社会学部、東京大学大学院で社会思想、教育学を学ぶ。神奈川大学、東京学芸大学、長野大学教授を歴任。中国・東北師範大学名誉教授、川崎市生涯学習振興財団理事、日本社会教育学会常任理事を務める。社会学博士（一橋大学、2010年）取得。
主要著書：『国家・市民社会と教育の位相——疎外・物象化・ヘゲモニーを磁場にして』（御茶の水書房、2000年）、『疎外と教育の思想と哲学』（理想社、2001年）、『教育改革の言説と子どもの未来——教育学と教育運動の間』（明石書店、2002年）、『増補・市民社会と生涯学習——自分史のなかに「教育」を読む』（明石書店、2002年）、『現代に生きるグラムシ——市民的ヘゲモニーの思想と現実』（大月書店、2007年）、『アントニオ・グラムシの思想的境位——生産者社会の夢・市民社会の現実』（社会評論社、2008年）、『生涯学習とアソシエーション——三池、そしてグラムシから学ぶ』（社会評論社、2009年）ほか。

生涯学習論の磁場
——現代市民社会と教育学の構想

2011年2月15日　初版第1刷発行

著　者：黒沢惟昭
装　幀：桑谷速人
発行人：松田健二
発行所：株式会社社会評論社
東京都文京区本郷2-3-10　☎ 03(3814)3861　FAX 03(3818)2808
http://www.shahyo.com
印刷・製本：スマイル企画＋倉敷印刷

トロツキーとグラムシ

歴史と知の交差点

●片桐薫・湯川順夫編

A5判★3600円／0317-9

スターリンに暗殺されたトロツキー、ファシストに囚われ病死したグラムシ。1930年代の野蛮にたち向かった二つの知性。その思想と行動を20世紀の歴史と政治思想のなかで捉え直す。(1999・12)

虚構

日本共産党の闇の事件

●油井喜夫

四六判★1800円／1409-0

1972年、大量の党員が共産党本部に呼び出され、次々と査問され、処分された。いわゆる「新日和見主義」事件である。自己の体験に基づき、この闇の事件を徹底解明し、共産党の体質の改革を鋭く迫る。(2000・7)

コミュニタリアン・マルクス

資本主義批判の方向転換

●青木孝平

四六判★2500円／0878-5

現代資本主義批判の学としての「批判理論」は、いかにして可能か。リベラリズムを批判して登場したコミュニタリアニズムを検討しつつ、その先駆としてのマルクスの像を探る。マルクスを「異化」する試み。(2008・2)

21世紀 社会主義化の時代

過渡期としての現代

●榎本正敏編著

A5判★3400円／1452-6

工業生産力をこえるより高度なソフト化・サービス化産業の発達とネットワーク協働社会システムの形成。資本主義世界において、新たな社会主義化を準備し創出させる質的な変化が進行している。(2006・2)

アソシエーション革命宣言

協同社会の理論と展望

●飯嶋廣・阿部文明・清野真一

A5判★2300円／1474-8

今日の時代状況において、アソシエーション革命こそ資本主義にとって代わるオルタナティブである。その旗を掲げて新しい対抗戦略とそれを担う潮流の形成を労働運動の活動家たちが提起する。(2010・3)

アソシエーション革命へ

[理論・構想・実践]

●田畑稔・大藪龍介・白川真澄・松田博編著

A5判★2800円／1419-9

いま世界の各地で新たな社会変革の思想として、アソシエーション主義の多様な潮流が台頭してきた。アソシエーション革命をめざす今日の実践的課題を探る共同研究。(2003・3)

生涯学習とアソシエーション

三池、そしてグラムシに学ぶ

●黒沢惟昭

四六判★2700円／0884-6

三池闘争、イタリアの工場評議会運動の歴史的経験を通して、生産者が主人公になる社会（アソシエーション）を構想する。市民社会とヘゲモニー論の新たな展開。(2009・11)

市民社会とアソシエーション

構想と実験

●村上俊介・石塚正英・篠原敏昭編著

A5判★3200円／1436-6

市場経済のグローバル化は国民国家の制御統制能力を空洞化させつつあり、かつ生産・生活領域の国家と資本による支配への反抗が芽えている。現状突破の構想としてのアソシエーションの可能性を探る。(2004・2)